学生を自己調整学習者に育てる

● アクティブラーニングのその先へ

L・B・ニルソン
美馬のゆり＋伊藤崇達 監訳

北大路書房

CREATING SELF-REGULATED LEARNERS

Strategies to Strengthen Students' Self-Awareness and Learning Skills

Linda B. Nilson
Foreword by Barry J. Zimmerman

Copyright © STYLUS PUBLISHING, LLC, 2013

Japanese translation published by arrangement with Stylus Publishing, LLC through The English

Agency (Japan) Ltd.

目　次

本書に記載されている自己調整学習の課題と活動の早見表　　vi
はしがき　xii
序　文　xvi
謝　辞　　xx

第1章　自己調整学習とは何か，学習をどう促すか ………………………… 1

学習者としてのわれわれの学生　2
自己調整 vs. メタ認知　6
自己調整 vs. 熟慮された練習　7
自己調整の理論的な源泉　8
感情の自己調整　12
自己調整学習の利点　13
本書の構成　15

第2章　コースの開始時点から自己調整学習を促す ……………………… 19

学習と思考に関する読みと議論　20
目標設定　22
自己調整学習スキルの自己評価　24
授業科目の知識とスキルに対する自己評価　27
実践の根拠を示す　32

第3章　読む，見る，聞くことの自己調整 ………………………………… 35

内省的作文　36
ジャンル別の内容に関する質問　39
想起の自己テスト　42
視覚的学習ツール　44
重要な活動としての読む，見る，聞くことの自己調整　49

第4章　実際の講義における自己調整学習 ………………………………… 51

講義前の活動——活性化された知識の共有　51
講義内の活動　52
まとめの活動　57
講義は救われるのか？　62

第5章　メタ課題による自己調整学習 ……………………………………… 63

数学に基づいた問題　64

真正で「曖昧な」問題　　66
体験学習　　69
研究論文とプロジェクト　　73
学生のポートフォリオ　　76
教育に加えられる価値　　79

第6章　試験と小テストによる自己調整学習 ……………………………… 81

試験準備のための活動や課題　　82
試験中の活動　　85
試験や小テストの後の活動や課題　　86
試験採点後の自己評価　　91
最大の受益者　　94

第7章　タイミングの異なる自己調整学習の活動 ……………………… 95

頻繁に，定期的に組まれた課題や活動　　95
不定期の内省的作文　　98
どんなスケジュールでも　　100

第8章　自己調整的な行動を促す ……………………………………………… 101

学生が成功するための舞台を設定する　　103
満足を後にとっておくことを促す　　104
学生が先延ばしを克服できるように助ける　　107
時間管理をこえて　　111

第9章　自己調整学習を取り入れたコースの終わり方 …………………… 113

コースを終えるときの始め方　　114
単独で用いるコースの終わりに使う活動と課題　　116
コースを終わらせること　　118

第10章　成績評価を行うべきか？　あるいは別の方法は？ ……………… 121

成績評価をつける必要がないもの　　122
ルーブリックを用いて成績評価を行うために　　125
細目による成績評価を行うために　　128
自己調整学習の課題は，どの程度，価値があるのか　　140
必要最小限の成績評価　　143

第11章　自己調整学習をコースデザインに統合するように計画すること… 145

負担になる？　　147
始めること　　150
すべてを統合すること　　158
最後に　　159

目　次

第12章　統合されたコースのモデルと学生にもたらす効果···················· 161

地質学　161
数学補習コース　165
数学入門コース　167
電気機械工学技術　167
ライティング補習コース　168
なぜプログラム全体ではないのか？　168

引用文献　　　　171
著者について　　187
索　引　　　　189
監訳者あとがき　197

本書に記載されている自己調整学習の課題と活動の早見表

コースの開始にあたって　　　vi
コースの進行中　　　　　　　vii
コースの終了にあたって　　　xi

コースの開始にあたって

課題や活動	必要な成績評価のタイプ	授業での所要時間の概算，宿題の有無	内容との関連性	注釈	ページ
学ぶことや考えることに関する読み物について授業での議論	なし	15分から20分	なし		19-22
学ぶことや考えることに関する読み物について質問の答えを論述によってまとめること	細目（第10章で解説）	宿題とし，そして，20分以上の時間を与えて，授業での議論	なし		22
コースの目標について論述すること	細目	3分，そして，10分の時間を与えて，授業での議論	なし	手がかりとして，「なぜあなたはこの授業科目をとっているのか？」「あなたの目標は何か？」	22
「私はこの授業科目でどのようにしてA評価を獲得したのか」というレポート	細目	宿題とし，そして，10分から15分の時間を与えて，議論	なし	選択肢として，コースの終了時に再度実施	22-23
コースでA評価を獲得する方法について授業でブレーンストーミングを行うこと	なし	10分，そして，15分で，グループやクラス全体で共有する	なし		23
自己調整学習スキルの自己評価	細目	5分から10分，そして，10分の時間を与えて，授業での議論	なし	メタ認知的活動質問紙，メタ認知的気づき質問紙，人はいかに学ぶかに関する質問　コースの終了時に再度実施するのが最も望ましい	24-27

本書に記載されている自己調整学習の課題と活動の早見表

コースの知識やスキルの自己評価	細目	5分から20分	あり	内省的作文，あるいは，内容に焦点を当てた作文 これが最終試験となる場合，選択肢として，コースの終了時に再度実施	27-30
知識に関する調査	細目	5分から20分	あり	コースの終了時に再度実施するのが最も望ましい	30-32

コースの進行中

課題や活動	必要な成績評価のタイプ	授業での所要時間の概算，宿題の有無	内容との関連性	注釈	ページ
読み物，ビデオ，音声教材などの課題についてふり返って論述すること	細目	宿題	あり	人はいかに学ぶかに関する質問，学習のサイクルに関する質問，自由記述によるまとめ，個人的な感想，ミニッツ・ペーパー 加えて，宿題を確実に行ってくるようにさせること	36-39
読み物，ビデオ，音声教材について，学習に関する質問や，ジャンル別の内容に関する質問に答えること	細目	宿題	あり	加えて，宿題を確実に行ってくるようにさせること	39-41
読み物，ビデオ，音声教材について，学生が作成するテストの問題	細目	30分で，方法を学び，グループで実践，それから，5分から10分で，視覚によって，あるいは，宿題で	あり	通常，多肢選択ないし多肢正誤の項目	41-42
読み物，ビデオ，音声教材について，思い出して書くこと（再生）と見直しによって，自らをテストすること	なし	宿題	あり	たとえば，SQ3RないしPQR3	42-44

読み物，ビデオ，音声教材について，検索練習の小テスト，マインド・ダンプ	細目	5分から15分，そして，5分から10分の時間を与えて，授業での議論ないしグループでの活動	あり	加えて，宿題を確実に行ってくるようにさせること	43-44
読み物，ビデオ，音声教材について，視覚的に提示すること	細目	30分で，方法を学び，グループで実践，それから，5分から10分で，視覚によって，あるいは，宿題で	あり	マップ，図式，流れ図，表	44-49
講義前の活動として，活性化された知識の共有	なし	10分から15分	あり		51-52
講義中のクリッカーによる質問	なし	3分で，仲間との教え合いを含めた質問も	あり	概念に関する質問が最も望ましい	52-53
レベルを確かめるための学生による質問（ブルームのタキソノミー）	なし	1分から3分	あり		53
講義中のペアやグループでの活動	なし	活動によって異なり，2分から15分	あり		53-55
講義内の小休止としての活動のクイック・シンク（Quick-thinks）	なし	1分から5分	あり		55-56
講義を終えるにあたってのペアでの活動	なし	2分から4分	あり	まとめのノートをペアで作成し，ペアで見直しをして終えること	57
講義を終えるにあたって学生がテストの問いを作成すること	細目	5分から10分	あり		57-58
講義を終えるにあたってのミニッツ・ペーパー	細目	1分から3分	あり		58-59
講義を終えるにあたって RSQC2	細目	5分から6分	あり		59-60
講義を終えるにあたってのアクティブ・リスニング・チェック	細目	3分から4分	あり		60

本書に記載されている自己調整学習の課題と活動の早見表

講義を視覚的に提示すること	細目	30分で，方法を学び，グループで実践，それから，5分から10分で，視覚によって，あるいは，宿題で	あり	マップ，図式，流れ図，表	60
数学に基づく問題に関するメタ課題	細目	宿題	あり	自信の評価，誤答分析	64-65
宿題の問題をペアで発話思考	なし	5分から10分	あり		65-66
真正で曖昧な問題に関するメタ課題	細目ないしルーブリック	宿題	あり	思考プロセスの記述	66-69
サービス・ラーニング，フィールドワーク，インターンシップ，シミュレーション，ロールプレイといった体験学習についてふり返るメタ課題	細目ないしルーブリック	宿題	あり	課題に依拠した手がかり	69-73
研究論文とプロジェクトについてのメタ課題	細目	宿題	あり	研究プロセスの説明，問題を乗り越えること，スキルの獲得，取り組みの自己評価，自己の発達，見直しの計画，授業者からのフィードバックの言い換え，課題についての次のクラスの人たちに向けての手紙	73-76
ポートフォリオに関するメタ課題	細目ないしルーブリック	宿題	あり	ポートフォリオの種類に依拠した手がかり	76-79
試験の準備のために学生がテストの問題を作成すること	細目	1分から10分，質問によって，あるいは，宿題で	あり		82-83

試験に向けて，レビューシート，あるいは，テストの計画案を創作すること	細目	30分から40分で，あるいは，宿題で	あり		83-84
試験内容について試験前の知識に関する調査	細目	5分から10分	あり		84-85
試験中の自信の評定	細目	5秒から10秒，問題によって	あり		85-86
ペアないしグループで，小テストのあとのふり返りや自己評価	なし	3分から8分	あり		86
小テストないし試験のあとのふり返りや訂正の論述	細目	10分から45分	あり		86-89
試験の直後に自己評価をまとめる	細目	3分から8分	あり		90-91
試験の成績評価がなされたあとの自己評価	細目	10分から15分	あり		91-92
次の試験に向けての学習ゲームの計画	細目	5分で，計画によって	なし		92
テストの分析	細目	5分から10分	あり		92-94
（授業者の見本のあとの）ペアないしグループで論理的思考の実践	なし	20分から30分，授業者の見本を含めて	あり		95-96
知識に関する頻繁な調査	細目	3分から5分，調査によって	あり		96
オンラインでのメタ認知に基づく頻繁な議論	細目	オンライン，ないし，宿題で	なし		96-97
学習に関して週ごとに記録をつけること	細目	宿題	なし		97
不定期にふり返って書いてまとめる課題	細目	宿題	あり		98-100
満足を後にとっておくことを促す論述課題	細目	宿題	なし		104-107
先延ばしに打ち克つための論述課題	細目	宿題	なし		107-111

本書に記載されている自己調整学習の課題と活動の早見表

コースの終了にあたって

課題や活動	必要な成績評価のタイプ	授業での所要時間の概算，宿題の有無	内容との関連性	注釈	ページ
「この授業科目でいかにしてAをとったか？あるいはそうでなかったか」のレポート	細目	宿題	なし	選択肢として，ペアで，コースのはじめに「私はこの授業科目でどのようにしてA評価を獲得したのか」のレポート	114
自己調整学習スキルの自己評価	細目	5分から10分，そして，10分の時間を与えて，授業での議論	なし	メタ認知的活動質問紙，メタ認知的気づき質問紙，人はいかに学ぶかに関する質問 コースの開始時にも実施するのが最も望ましい	114
コースの知識やスキルの自己評価	ルーブリック	15分，グループで取り組み，そして，宿題として個人で書いてまとめる 最終試験であれば2時間まで	あり	授業前の自分への手紙，あるいは，価値が加わった最終レポートなどのように，科目内容についてふり返って論述すること，あるいは，内容に焦点を絞って論述すること コースの開始時にも実施することが不可欠，あるいは，最も望ましい	115-116
知識に関する調査	細目	5分から20分	あり	コースの開始時にも実施するのが最も望ましい	116
スキルの表	細目	10分から15分で，あるいは，宿題で	あり		117
「将来の活用法」をまとめるレポート	ルーブリック	宿題	あり		116-117
これから受講する人たちに向けての手紙	細目	宿題	なし		117-118

はしがき

　学業における自己調整（self-regulation）に関心をもつようになったきっかけの1つに，アメリカ教育学会（AERA）の年次大会で，学業と自己調整学習（Self-Regulated Learning）という分科会（SIG）の最初のミーティングに参加したことがあげられる。当時は，学業の問題にほとんど関心が向けられておらず，ビル・ローワー（1984）が，まさに，このような現状を嘆く論文を『*Educational Psychologist*』に書いている。「自己調整学習」が分科会（SIG）のタイトルに含められたのは，重要な問題であるという認識が高まってきたからである。学習方法が維持され，転移されるためには，自己調整プロセスとの関連において検討が進められるべきである。これらのプロセスには，動機づけ（motivation）[1]の要因（たとえば，自己効力信念〈self-efficacy beliefs〉，満足の遅延[2]，帰属〈attributions〉，価値／興味）と，メタ認知（metacognition）[3]の要因（たとえば，目標設定，方略〈strategy〉の使用，自己モニタリング〈self-monitoring〉，自己評価）とが含められてきた。

　リンダ・ニルソンは，自己調整学習の教育方法への適用という領域で長らく第一線に立ってきた人物であり，学習プロセスについての理解を前進させ，実践への適用方法について示唆を与えてきている。私は，とりわけ，私立のカトリックの女学校での教育に関するリンダの記述に惹きつけられた。その学校の

1　一般にある行動を引き起こし，その行動を持続させ，一定の方向に導くプロセスのことをさす。平たく言うとやる気や学ぶ意欲のことである。自己調整学習との関係については，Schunk, D. H., & Zimmerman, B. J. (2008). *Motivation and self-regulated learning: Theory, research, and applications*, NY: Routledge. の邦訳書（塚野州一編訳『自己調整学習と動機づけ』北大路書房，2009年）が参考になる。

2　学習に持続的に取り組むためには，様々な誘惑に打ち克っていく必要がある。また，長期にわたる学習の過程で大きな目標を達成するために，目先の欲求や報酬を後回しにする力が求められる。教育心理学では，自己調整のこのような側面のことを「満足の遅延」（Delay of Gratification）の用語で概念化が図られ，検証が進められてきている。本書では第8章において集中的に議論がなされている。

3　「自らの認知についての認知」のことをさす心理学用語である。学習内容について覚えたり，考えたりする認知活動そのものも大切であるが，深い学びが成立するには，自らの認知活動について自覚したり，これを適切にコントロールしたりする「メタ認知」の力がきわめて重要になってくる。メタ認知に関する和書には，三宮真智子編『メタ認知―学習力を支える高次認知機能―』（北大路書房，2008年），深谷達史著『メタ認知の促進と育成―概念的理解のメカニズムと支援―』（北大路書房，2016年），自己調整学習研究会編『自己調整学習―理論と実践の新たな展開へ―』（北大路書房，2012年）などが参考になる。

教員たちは，授業科目の内容の習得について非常に綿密にモニターしてくれていた，というのである。教材をマスターしたかどうかは，一人ひとり全員にわかる形で，クラスのなかでテストが行われていた。そして，こうした実践のおかげで，能力が試される学習環境のなかで生き残っていくうえで必要となる自己調整の方法を，彼女は身につけることができたと述べている。若い頃，私も，負担の大きな教育場面に対処するために，自己調整による学習方法を身につけてきた。中学校の1年生（7年生）になったころに，課題が非常に多くなり，試験において求められるものも大きくなり，学校全体で表彰される成績優秀者の名簿が地元の新聞に掲載されたりしたことを今でも鮮明に覚えている。学業において新たに要求される基準が高くなり，これを満たすために，私は，クラスの授業や読みの課題でノートをとり始め，試験に備えてノートを総合してまとめ直すようになった。そして，自分が作ったノートのまとめ方で，解けなかった試験問題にもきちんと対応できていたのかどうかを確かめるために，試験の結果をしっかりと見直すようになった。すなわち，リンダも私も，必要に迫られて自己調整が生じたのであって，こうしたプロセスを実行しようという漠然とした意図からではなく，また，そのことに単に気がついたからということでもない。リンダの著書が，とりわけ，魅力的であるのは，自己調整の知識とその指導法に関して実用的な方針を提示してくれているところにある。

　本書には，教員だけでなく学生にとっても魅力的な特徴が多くある。たとえば，リンダは，最近の研究と理論に基づいて，メタ認知，熟慮された練習（deliberate practice），感情コントロールといったような関連の深い構成概念と自己調整とを区別している。彼女は，**自己調整を時間軸**（temporal terms）[4] で定

4　本書では，特定の課題や活動における自己調整に焦点を当てるのみならず，1科目の授業のデザインすなわちコース・デザインにあたって，コースが開始される事前の段階，コースが進行する途中の段階，コースを閉じる事後の段階における自己調整学習の指導方略が提案されている。自己調整学習は，予見（見通す），遂行コントロール（学びを深め進める），自己省察（ふり返る）の3つのステップで，螺旋的なサイクルをなして進行するものと捉えられている。個別の学習活動のレベル，1時限の授業のレベル，コースの全体のレベルというように，それぞれのレベルで自己調整学習は成立するものと考えられるが，これは時間軸に沿って包括的な指導実践を進めていくことで，より確かなものとなるということである。

　なお，テクニカル・タームや概念に関しては，B. J. ジマーマン博士と D. H. シャンク博士の共編著である "Handbook of self-regulation of learning and performance"（Routledge より 2011 年に出版）に概説があり，最新の研究動向とともに知見が網羅されている。邦訳書として『自己調整学習ハンドブック』（北大路書房より 2014 年に出版）があり，あわせて参考にされたい。

義している。すなわち，学習する努力に先行し，付随し，追従するプロセスと信念であって，これは，後続する学習のサイクルを規定していくものでもある。この時間軸で自己調整学習に迫ろうとする手法は，学生と教員のいずれにとっても重要な利点がある。たとえば，学生の達成度を高めること，推論を深め広げること，学習そのものへの意識の焦点化，自己省察（self-reflection）の強化といった利点である。最終的に，彼女は，学生たちが学習に自己調整的に迫ろうとする姿勢を育めるよう，そうした指導法のあり方について説明している。これらの例としては，学生が自らの思考や行動を記録することを含む「メタ課題（meta-assignments）」や，正規の授業科目の構成要素について学ぶ前，学んでいる最中，学んだ後の各時点において，自己調整へと注意を向けさせる活動や課題である「ラッパー（wrapper）」[5] をあげることができる。リンダは，時間軸で自己調整学習プロセスを活かしていくことで，ただ読んだり観察したり聞いたりするような通常の受動的な学習活動を，能動的な活動へと転化させる教育方法について提案している。

　自己調整に関して時間軸から，学生の学習について説明しているだけでなく，それらに加えて，さらにリンダは，小テストや定期試験の取り組みについても同様に時間軸から論じている。たとえば，テストの準備期間において，彼女が例としてあげているのは，単語リストのように，授業科目の特定の要素の知識について自信を見積らせることで，学生がいかによい形で準備ができるかについて述べている。テストの際には，学ぶ努力について自己モニターすることで，解答に対する自信を，再度，見積ることができる。テストの成績評価が行われたら，実際の成績結果と最初の自信の判断とを比較することができる。自信について判断の誤りが確認されたら，間違った問題解決方略を修正することができる。リンダは，自己調整による記録フォームの例を多くあげており，それを使えば，試験結果の解釈の仕方を指導することができる。

　最後に，私がとても楽しく読めたのは，リンダが自己調整の立場から，学生の取り組みについて成績評価を行うための多様で独創的な方法に関して議論を行っているところである。とくに印象深かったのは，小テストの誤りを訂正することで，ポイントの埋めあわせをする特別な機会を学生に認めていたことと，

5　本文の p.16 を参照。

授業科目の特定の内容を高い水準の習熟度（たとえば，90%）になるまで学習する特別な機会を学生に認めるマスタリー・スコアリング・システムを主張していたことである。これらの自己調整を促す成績評価の方法は，誤りは不完全であることの証しではなく，学びを向上させる機会であるというように，学生たちの誤りに対する認識を変えることを意図している。近年，自己調整学習に関する論文に重要な進展がみられているのは明らかなことであるが，リンダ・ニルソンは，指導上，どのように育成できるかに関して，多くの説得力のある具体例を読者に示してくれており，特別な案内人となってくれるはずである。

B. J. ジマーマン

名誉教授・教育心理学／ニューヨーク市立大学

序　文

　自己調整学習者を育てることに関心があるのは誰なのか？　この問いは，「学習に関心があるのは誰か？」と言い換えることができる。なぜなら，あらゆる科目内容について深く，永続的に学び続けるためには自己調整が欠かせないからである。批判的思考についても同様に自己調整が欠かせない。なぜなら，批判的思考には，自らの信念，価値，結論，思考過程について考察したことをふり返り，問いを立てていくことが必然的に含まれるためである。そして，心理的スキルあるいは身体的スキルのいずれを身につけるにしても，自己調整が欠かせない。実りある実践を行うには，客観的な自己観察と自己評価だけでなく動機づけと忍耐力が必要となるからである。以上のようなことから，大学教職員や中等学校の教員は，非常に有益な情報を本書を通じて得られるはずである。FD[1]にかかわっている人たちであれば，授業科目やプログラムの学習成果をさらに上げる支援の方法について，クライアントに助言したり，トレーニングのためのワークショップや教材を開発したりするうえで，本書を活用したいと望むだろう。本書を読むことで，学生たちは思慮深くなり，詳しく吟味し，自分の心（mind）がいかに学ぶのか，学習を効果的なものとするために，心をどのように活かせばよいか，わかるようになるだろう。実際のところ，外から方向づけられてきた世代の学生たちを心の奥に向かわせ，学習が心内での仕事であることを悟らせるよう，支援をするという，究極的な意図でもって本書の一言一句を書き留めていった。

　本書を執筆することになったきかっけは，リディア・シュライファー博士と数年前に意見を交わす機会があったことによる。リディアは，クレムゾン大学（Clemson University）の会計・金融スクールに勤務する会計学が専門の准教授で，私に自己調整学習に関するワークショップを行うよう，すすめてくれた。教育効果・改革オフィスの部局の長として，大学教職員に向けて開く大学教育ためのワークショップの開発と実行が，当時の自分の仕事であり，現在もなお，

1　Faculty Development の略語であり，大学教員が授業を改善し向上させるために行う組織的な取り組みのこと。

それを続けている。**自己調整学習**という言葉は耳にしていたが，詳しいところはよくわかっていなかった。リディアの期待に応えるのに，外部の話題提供者を見つけることができるかもしれないと思い，Google でこの用語を検索し，何人かの研究者の名前が浮かび上がったが，そのなかでも傑出していたのがバリー・ジマーマン博士だった。しかし，誰とも連絡をとることはできず，ジマーマン博士は，当時，ヨーロッパにいた，という記憶が思い返される。そのようなことで，自分は，当分の間，自己調整学習は棚上げすることにした。

　それから，私は，メタ認知について知り，読み始めるようになった。とりわけ，目を引いたのは，化学の教授で，学習センターのセンター長であったサンドラ・マグァイア博士が，ルイジアナ州立大学（Louisiana State University）で落第した学生たちに対して，メタ認知をいかにして教育実践に応用し，奇跡的な転換を成し遂げたか，という内容であった。彼女は特効薬をみつけたのか？その数か月後に，地質学者の間で，授業科目にメタ認知的な活動や課題を導入し始めた人たちがいることを耳にすることとなった。私は，メタ認知によって自己調整学習に導かれ，そしてそれは，結局のところ，広い範囲にわたる 2 つの主要なテーマとなっていく。後者（自己調整学習）は，前者（メタ認知）だけでなく，行動をも包含する概念であり，たとえば，自己規律（self-discipline），満足を遅延させること，先延ばしをせずにすぐに課題にとりかかることなどがあげられる。おそらく，これらの行動やメタ認知は，すべての学習者にとっての究極の学習スキルであり，人生を成功に導く要素であると考えられ，今の学生には欠けてしまっているものでもある。

　自分の学校時代のことを思い返してみると，6 年生かそれ以前に自己調整学習を実践し始めていたことに気がついた。私が 3 年生から 8 年生まで通っていた私立のカトリックの女学校では，毎日，非常に大量の宿題が課され，相当な量の口答による復習授業が行われた。修道女が抜き打ちでクラスの誰か―クラスは小さかった―に質問をし，起立をさせ，詩を暗唱させた。詩を覚えておくだけでなく，読むことが課題となっていた教科書の章について，質問にも答えられなければならなかった。私は，日々の教室での恐怖に自分自身を順応させていき，そして実際に，そのような環境のなかで，優れた成果を上げていった。すべての子どもにそうしたことを望むものではないが，自分がもしこのような

教育を受けてこなかったとしたら，どんな大人となり，今，何をしているのか，想像することはできないだろう。生き残ろうとする動機が，早期に自己調整をすることを学ばせてくれた。教科書のすべての部分を読んだあとに自分でテストしていたが，そうでなければ，いかにして自分は修道女が投げかけるあらゆる質問に対して答える準備ができただろうか？ 集合論や数の基礎理論について自分の理解をモニターせずに，いかにして，「新しい数学」をマスターすることができただろうか？ まず，素早く正確に思い出せたかについて自己評価をしていたが，このようなことをせずに，クラスメートの全員の前で，掛け算表や，フランス語の動詞の活用，歴史上の人名と日付をくり返して述べることがどうしてできただろうか？

取り組むなかで自己規律の要素が備わってきた。夜のうちに宿題を終えるために，夕食後にはすぐに取りかかり，午後11時か12時まで勉強しなければならなかった。そして，自分のなかの子どものような部分の欲求が出てきて，寸劇の台本を書くなど，したいと思っていたことをするために何時間も夜遅くまで起きているということがよくあった。さらに，週末ごとには，作文や正式な手紙などのように，しっかりと書かねばならない課題があった。日曜の午後まで先延ばしにすることもおそらくできたが，そうすると，土曜日は気がかりなままに過ごすことになっただろう。しかしながら，自分はクラスのなかで愚か者のようだとみられたくはなかったので，どんな課題であっても長い間，先延ばしにしてはいられなかった。高等学校ではすべて優等賞で，上位の優等賞もあり，大学段階での授業科目[2]も，抜き打ちでのテストはなかったが，まさに同じようなことがたくさん続いていった。そのように，大学まで，気を引き締めて満足を後にとっておくようにしてきたが，すべてをやり遂げてきたことでかなり余裕もできて，大学生活はとてもたやすいものともなった。

今の若い学生の多くは，育ってきた家庭環境も学校環境もかなり違ってきている。多くの学校では，自尊感情（self-esteem）を育むことを重視しているの

2「course」の訳語をここでは「授業科目」としている。この翻訳書では，以降，文脈に応じて「コース」の訳語をあてるようにしている。通常，15回（15コマ）からなる大学の授業全体が「コース」ということであり，1コマ分が「授業」ないし「クラス」ということになる。厳密にはこのような使い分けがなされるべきであろうが，以降の各章では，原文を尊重しながらも，自然な日本語表現ということも加味しつつ，「course」の語には「授業（科目）」「コース」「カリキュラム」などの訳語を，適宜，用いていることに留意されたい。

で，何らかの課題が与えられたとしても，宿題に取り組んだことをクラスの前で説明するという状況を，日頃経験している生徒はほとんどいない。多くの場合，合格点となっていなくても，成績評価は合格となり，授業科目の学習課題に優れていなくても，表彰されたり，それにふさわしいだけの働きをしてないのに，達成した感覚だけを経験したりしている。残念ながら，こうした生徒たちは中等学校において，学び方を学ぶ機会がない。今の大学の学生たちは，読むということはテキストとの対話をともなうものであり，自らの理解を評価する必要があるということをよくわかっていない。また，テストのための勉強をするということの意味は，自分自身をテストすることであるということや，論文を書くためには，あらかじめ計画を立てたり目標を設定したりする必要があることをよく理解していない。

　社会は，間違った方向に向けられた社会化に対して，すべての弁済をしなければならない。しかしながら大学は，ほとんど準備ができていない世代の増加に苦しんできている。この世代の学生は，教育制度に圧力をかけることに成功してきた人たちであり，指導者は基準を低くし，厳しさを弱め，宿題を削り，ミレニアル世代[3]の好みに合うようにサービスを提供してきたのである。教育上特別扱いを受け，最もやる気のある学生を除けば，こうした学生たちは自己調整についてほとんどわかっておらず，そのため，学習とは何かについてもほとんど理解していない。勉強のスキルが問題なのではない。学ぶことの本質は，人が自分自身にかかわることであり，努力できる能力のことであり，自己コントロールのことである。そして，実行が可能で最も望ましい成果をあげるために必要な，批判的な自己評価を行うことをその本質とする。**現実**に達成をめざすなかで，リスクの回避や失敗，注意散漫，単なる怠惰に打ち克っていくことでもある。これがまさに自己調整学習なのである。

3　2000 年以降に社会で活躍するであろう 1980 年代から 2000 年代初頭に生まれた世代。

謝　辞

　本書の執筆に取りかかっているとき，私はクレムゾン大学の教員や院生で構成される執筆グループのメンバーであった。成果として掲げた目標を，2週間ごとに達成する責任を自らに課していたが，できなかったときには，大目に見てきた。実際のところ，過去の数年間にわたって，毎学期と毎夏，執筆グループをまとめ，率いてきた。私自身がよいロールモデルとなるべきであると思うことで，自らの動機づけを高めてきた。そういうわけで，2012年の春，夏，秋とともに過ごした執筆グループのメンバーに感謝の意を表したい。これこそが，自分にとって，まさに適度なプレッシャーとなっていたと思っている。

　同業者というのは，時に完全な他人であるが，また一方で，最も心を開き，助けとなってくれる友人ともなりうる存在である。出版物やプレゼンテーションで提供された記載物のみならず，実際の研究や教室での試みに関する情報をさらに得るために，突然に次の研究者の方々と連絡をとった。ニューヨーク市立大学（CUNY）の大学院のセンターで，Center for Advanced Study in Education（CASE）に所属するジョン・ヒューズマン博士，前職が，ニューヨーク市立大学工科カレッジのライティングの教員で，現在，キングスボロー・コミュニティ・カレッジ（CUNY）の学務課のアシスタント・ディレクターであるサラ・クロスビー，ノースダコタ大学の地質学の教授であるデクスター・パーキンス博士，マカレスター・カレッジの地質学の教授であるカール・ヴィルト博士，以上の方々である。このような素晴らしい皆さん方が，多忙な日々のなか，時間を割いて私にメールを送ってくれ，話し相手となってくれたのである。研究，教育改善，他では手に入れられない結果について，重要な補足的情報を提供してくれた。もちろん，重要なテーマとして自己調整学習に着手するよう，その方向性を示してくれたクレムゾン大学の会計学の教授であるリディア・シュライファーに感謝したい。ジョン（"マイク"）・コギシャル博士は，クレムゾン大学の人類学の教授で，長年の友人の1人である。何年も前に，彼は，コースの事前と事後において，学生の学習について測定を始め，その情報をファカルティ・レビューに提示した。私は，学生の学習の測定に関する自身のワークショップに彼を招いて，その革新的な手法を紹介してもらった。彼が実践していることは，コースの開始時点での無知な状態にある思考や信念と，コースの終わりでの，十分な知識の裏づけのある，根拠に基づいた推論とを比較する機会を学生にもたせており，自己調整学習の課題としての価値もある。ここで，彼の方略を共有できたことを嬉しく思っている。

　本書は，Stylus Publishingの編集者で社長でもあるジョン・フォン・ノーリングと初めて仕事をともにさせていただく機会となり，とても実り多いものとなった。アトランタで2011年10月に開催された高等教育の専門職・組織開発（POD）・ネットワークの年次大会で，彼は，私の自己調整学習に関するセッションに参加してくれた。私のところにやってくるとすぐ

に彼は,「そのテーマで本を書いてほしい。あなたが書きたいと思っている成績評価についての別の本のよい準備にもなるのでは」と言ってくれた。このテーマで書けそうかどうか,まず,原稿の概要をまとめるのに,1,2か月はほしいと彼に頼んだ。本書を完成させるのに申し分のない情熱を傾けられたか? そうだったと思う。概要をまとめ終えたあと,それぞれの章,一言一句,一文一文を丁寧に整えていった。予定より数か月か前,1年以内で書き終えることができた。(修道女たちは,誇りに思ってくれているのではないかと思う!) 本書の最初の草稿を彼に送ったとき,少なくとも数週間,休日が終わるまでは確実に返事は来ないだろうと思っていた。しかし,2日後には,優れた改稿のアイデアとともに返事をくれた。文字通り,彼の提案の**すべて**が理に適っており,原稿の明瞭性,有用性,全体的な豊かさを向上させたのではないか。私はすぐに校正に没頭し,当初に予定していたよりも1年早く,本書ができあがるのを楽しみにした。ジョンとの関係は,信じられないぐらい実りあるもので,友好的で,喜ばしいものだった。

　最大の謝辞は,夫のグレッグに贈りたい。本書の執筆に気持ちと時間を好きなだけ向けられるように背後で支えてくれた。彼は,日常生活において時間を費やす細々としたことを器用にこなしてくれている。たとえば,日々の雑用や,食料品店への買い物,料理の大半,家の修理や模様替え,面倒な芝刈りと庭仕事などである。そのおかげで,私は仕事をすることができた。たとえそれが私たちの時間を奪うものであったとしても,プロジェクトを通してずっと,私のことを励まし続けてくれた。そして,すべての章を書き終えたとき,一緒に祝福してくれた。「あなたは,そんなにもたくさんのことをやり遂げたようだけど,それはどうやって?」と人から尋ねられたら,私は,ただ夫のことを指し示す。そういうわけで,至極当然ながら,本書は彼に捧げることにしたい。

第1章
自己調整学習とは何か，学習をどう促すか

　高等教育の主要な目標は，生涯学習者（lifelong learners）を育てることである。それは，自ら新しい知識を獲得，保持，検索できる，意図的，自立的，自己主導（self- directed）[1]的な学習者を意味する[*4,5,210]（訳注：以下＊印番号は巻末の引用文献リストと対応する）。そうした学習者だけが，職業生活のなか拡大する知識とスキルに習熟し続け，仕事がなくなってしまったあとも新しい職業に適応できる。新しい職業に適応する必要性は社会で実際に生じている。成人教育はこれまでなかったほど拡大しており，この課題を満たせなかったものの間では高い失業率が示されている。現世代の，また次世代の学生においてはこうした事態が標準的な状態となるだろう。生涯学習者を育てることは，よく言われるような文化的なエリートの育成という学問の世界の理想ではなく，社会で経済的に生き残るための基本的なスキルを身につけさせることである。われわれは，学生に対して学び方を高いレベルで身につけさせる**義務を負っている**。確かな学び方を身につけさせず，結果として表面的な知識しか習得できない状態で彼らを社会に出してしまうことは，教育機関として（非倫理的とまでは言えなくとも）無責任である。

　しかしながら，われわれの学生に目を向けてみると，意図的，自立的，自己主導的な兆候を示す学生は必ずしも多くない。

1　自らを指導し，教育する学習者のあり方を表している。

学習者としてのわれわれの学生

　近年の研究で，132 名の獣医学専攻の学生が，学習においてどのような要因が重要だと考えているかが検討された。[170] 学生が多くあげたのは，授業の課題量や全体のカリキュラムを含む，学生が受けている授業についての計画と実践であった。回答者は，専門職をめざす学生であったが，自分自身の努力や学習スキル，学習方法をあげることはほとんどなかった。彼らが認識しているように，彼らにとって，学習とは期せずして起こるもので，それを起こすのはあくまで教員の仕事であった。学生は意図的，自立的，自己主導的とはまったくいえない状態であった。

　想像がつくように，より年齢の低い大学生も同様の考えをもっていることがわかっている。とくに，学生は自らの学習に対してほとんど，ないしまったく責任を感じておらず，成績が低いことを「効果的でない」授業や，「発展的過ぎる」もしくは関連のない授業内容のせいだと考えるという。[たとえば，64, 185, 198] さらに，彼らは（とくに，学習そのものを目的とした）学習にほとんど，あるいはまったく興味がないことを認めている。[158] こうしたことが，彼らの**関連のない**という言葉の定義をより拡張していることは疑いない。学習には努力が必要ないという信念が広まることによって，学習の責任を回避する傾向がさらに強まっている。小学校や高等学校では，努力はもはや必要とされなくなったようで，彼らのほとんどはそこにいれば単位を与えられる。なぜ今になって多くの時間と大変な課題が求められるのか。学生は，人生の半分以上を過ごした，学校での 12 年間の経験をもとに話をしており，その経験から，彼らは自らの期待を合理的なものだと思っている。また学生は，自分が賢く生まれたと強く信じており，それが懸命に課題を行う必要がないと考えるもう 1 つの理由となっている。まず，両親によりこの自己概念が形成される。さらに，全員に等しくトロフィーが与えられる学校においてこの信念が強化される。[64] よって，深い文章理解やコミュニケーションスキルなどとともに，学習も早くかつ容易に進むはずだが，そうでない場合，問題は教員にあるか，その教科に対するセンスのよさが自分にはないのだと学生が考えるのも理にかなっている。後者の理由に問題の原因を帰したとしても，ほとんどの学生は，そんなふうに生まれてしまったのだから，がん

ばって勉強してもしかたがないと考え，そのままにしてしまう。言い換えると，固定的知能観（fixed-intelligence mind-set）[2]を受け入れるよう，学生は育てられてきたのだ[60]。この知能観は，認知神経科学的な研究が過去10年間，別の信念を示すまでは一般に流布していた。

　達成の要因についての彼らの信念を考慮すると，われわれの学生が，学習や認知的課題，新しい情報を処理し保持する方法に関する知識を欠いていることもうなずけるだろう。自己調整学習の研究の表現を借りれば，学生は次にあげる知識をほとんどもっていない[86, 155, 156]。

- **方略に関する知識**：様々な課題に対する種々の「学習方略」や「ヒューリスティックス（発見的方法）」，問題を解決し技術的な課題を遂行するのに必要とされるステップやアルゴリズム，学習や思考を計画・監視・評価する必要性，「リハーサル」[3]（覚えること）・「精緻化」（要約したり，言い換えたり，新しい知識を既有知識に関連づけたりすること）・「体制化」[4]（概念マップなど）といった効果的な方略，などに関する知識。
- **認知的な課題に関する知識**：指示を理解したり（動詞の意味を知るなど），課題の難易度を判断したり，いつ・どの学習方略ないし思考方略を活用するかをうまく決めたりするなど。
- **自分自身に関する知識**：学習者としての強みと弱みを知ること，課題の指示を正確に判断すること，与えられた課題を達成するために自分にとってベストな方略を知ることなど。

　われわれはこれらのスキルを自然と獲得してきたかもしれないが，プロの学習者である。上述した能力がなければ，われわれも教育システムのなかで今ほど成長を遂げていないだろう。だがわれわれの学生は，過去においてこれらのスキルを教えてもらった，あるいはわれわれと同じように，自ら身につけたという者はほとんどいない。学生が課題図書や講義についてほとんど質問に来な

2　頭のよさは生得的で変わらないものという知能の見方のこと。これに対し，増大的知能観（incremental theory）は，頭のよさは努力によって変えられるという見方をとる。
3　学習内容を何度もくり返して覚えること。
4　学習内容をグループにまとめたり，要約したりして学ぶこと。

いのは不思議なことだろうか。彼らは，自分が何を理解し，何を理解していないのかをわかっておらず，そのため，内容を理解し覚えていられると楽観的に考えているのである。実際の学習はそのようにはならないが，学生は学習がどう進展し，学習の進展のために自分が何をすべきかを理解していない。

自己調整学習の研究によって，深く，持続的で，自立した学習を行うには，単に読んだり聞いたりすることを超えた，認知的，感情的，そして身体的な様々な活動が必要であることがわかっている。第1に，授業期間や課題，学習時間にあわせて学習目標を設定することが含まれる。次に，その課題を効果的に進める方法を計画しなければならない（たとえば，積極的に講義を受ける，ノートをとる，概要をつかむ，内容を視覚的に表す，自分に対してテストを出したり復習したり要約をつくったりするなど）。その計画を実行する一方で，脳を活性化するために適切な休息をとりながらも，課題に対して注意と行動を維持しコントロールする必要がある。同時に，妨害や疲労，落胆，「自分は○○するのが苦手」といったネガティブな自分の声に負けないよう，頭と行動を管理し監視しなければならない。自分の体験や将来との関連を考えたりなどして，題材を学習するための意欲を維持し強めることが求められる。もし課題から注意が逸れてしまったら，自分で注意を課題に向け直さなければならない。そうした命令を評価するため，時に一息つくことで，どの程度その題材を理解し自分のものにできているかをも意識する必要がある。最も重要なポイントを自分の言葉で言えるか？　重要なポイントの関係を理解し整理できているか？　学習方略およびスケジュールはうまく行っているか？　うまく行っていなければ，今回のみならず，似た課題に取り組む次の機会に対しても，よりよい結果にするためにどうすればよいか？

端的にいうと，自己調整学習とは，脳の複数の領域がかかわる，総力的な活動である。この活動では，十分な注意と集中，自己意識と内省，率直な自己評価，変化への開放性，真の自己規律，自己の学習への責任を受け入れること，すべてが含まれる。これらの要素は，認知的な能力というより，性格の次元のように思えるかもしれない。文献では，自己調整は測定された知能にはほとんど関連がなく，およそ誰でもが発達させられると主張されている。実際のところは，子どもの自己統制（self-control）がどう発達するかを研究している社会認知心

理学者が，1960年代初めに自己調整に関する初期の研究を行っている。それによると，反応を抑制することや満足の遅延，自己調整の基準を獲得することが，自己統制の基礎となっていた。ここで使われている用語を考慮すると，性格（少なくともそのいくつかの側面）が**自己調整学習**を定義づけるうえで重要な役割を果たしていることが先行研究から示唆されているようだ。

　長期的な目標の追求における自己統制や自己規律，忍耐，決断は，中等教育以降の学業的な達成（児童の場合は単語の綴りテストの成績）に対してIQよりも高い予測力をもつ。博士号を取得したものであれば誰でも，これらの特性[56,57,197]が単に賢いことよりも重要であることに同意するだろう。学業達成において他に重要なものとしては，満足を遅延する力があげられる。この力は，多くの研究により，自己効力信念と自信，内発的動機づけ（intrinsic motivation）[5]，課題価値，（遂行目標〈performance goal〉[6] ではなく）習熟ないし学習目標志向性（"mastery" or "learning" goal orientation）[7]，援助要請，認知的な学習方略（リハーサル，精緻化，体制化，メタ認知）の使用，学習関連行動と環境の調整など，多くの要因と密接に関連することが明らかにされている（次節参照）[22]。これらすべての研究は，自己調整学習とは，行動的実践，価値，信念，人格特性（このうちいくつかは**性格**（character）とよばれるものに含まれる）の集まりが混ざったものだという考えを裏づけるものである。

　学生がこれらの性格の側面を身につけずに大学に来るのはなぜだろう。彼らの過去に疑いの目を向けることはできるが，失敗の原因が誰か，何かということは重要でない。若者が実際に眼前にいる今，社会に適応できないという課題を彼らが乗り越える手助けをしなければ，社会に貢献し，商品や情報を賢く消費し，生産的に働き，経済的・技術的に不安定であると思われる未来を切り抜けるために必要な事柄を学ぶことはないだろう。これまでをふり返ると，学生が自己調整スキルを獲得したり，学習に責任を負ったりすることにわれわれはほとんど貢献してこなかった[222]。

5　好きだから，楽しいから，というように活動そのものが目的になっているやる気のこと。
6　自分自身の能力について望ましい評価を得ることをめざす目標のこと。
7　自分の能力を発達させることを志向したもので，習熟すること，知ること，学ぶことそのものをめざす傾向をさす。

自己調整 vs. メタ認知

　おそらく読者はメタ認知（metacognition）という概念はよく知っているだろう。自己調整とメタ認知が同じものか疑問に思うかもしれない。私の率直な答えは「イエスでもあり，ノーでもある」というものだ。同意しない人もいるかもしれないが，自己調整はより包括的な概念であり，メタ認知はその主要な側面の１つである[88]。とくに，メタ認知は自分自身の**認知的な**過程を意識的にコントロールするもので，たとえば，与えられた情報に注意を向けたり，その情報を使って対話したり，先入観と新しい情報や矛盾する情報を得た結果生じる抵抗に気づいたり，経験をふり返ったりする活動が含まれる[88][222(p.65)]。ジマーマンは**メタ認知**を「自分自身の思考に対する気づきと知識」としている。また，スクローはメタ認知を，自分がどのようにスキルを用いているかについて考えることだと定義している[176]。前節であげた，ほとんどの学生に欠如している知識の種類を思い出してほしい。方略に関する知識，認知的な課題に関する知識，（学習に関連した）自身に関する知識[155]。これらがメタ認知的知識の種類である。どんな観点からのものであれ，メタ認知は学習についての自己フィードバックにかかわるもので，このフィードバックこそ有意味な学習と転移に不可欠な要素なのである[36,176]。

　対照的に，自己調整は，自身の認知過程の監視と管理の他，学習に関する感情，動機づけ，行動，環境に対する意識と調整をも包含する。**行動**には自己規律，努力，時間管理，そして必要な時には教員や自分より知識をもつ人たちに対する援助要請が含まれる[98]。**環境**にはテクノロジーを活用すること，（単一ないし複数の）課題を管理すること，場所，気温，音楽といった背景音，物理的な配置などの，感覚的な入力情報が含まれる。学習者は，自分の学習に対してどんな環境が最も適切かを見つけなければならない。この過程は，自己観察と（新しい課題に取り組むときのように）課題に向けた自己内対話から始まる。様々な感情や動機づけ，行動，環境，認知的な過程を試すとともにその効果を把握し，学習効果を最大化し阻害する条件を決めなければならない。効果のある条件がわかれば，学習を行っている間の認知的な負荷も軽減される[88]。最後に，学習者は最適な認知的，感情的，物理的な状況およびスケジュールを構築するよう自

第 1 章　自己調整学習とは何か，学習をどう促すか

己統制を発揮することが必要だ。

　われわれの若い学生たちの大半はこうした過程に習熟していない。メタ認知的スキルが不十分であることに加え，動機づけと感情を調整したり，学習にかかわる行動をコントロールしたり，学習環境について妥当な判断を下したりすることに課題がある。感情のレベルにおいては，満足を遅延させること，注意を逸らす刺激を遮断すること，困難な課題に立ち向かうよう意欲を高めること，我慢するのに必要な自信や長期的な目標を意識し続けることに困難を抱えている。彼らは概して，「統制の所在（locus of control）」[8] を外的なものに置いたり，受動的な考えをもったり，わずかな努力で褒められると感じてしまったり，実力に見合わない自尊感情をもったりしてしまう。行動的には，自己規律や時間管理スキルが十分でなく，社会的・技術的に阻害されたり，複数の課題をやりくりするなかで，学習環境を駄目にしてしまう。[18, 60, 108, 136, 155, 158, 185, 198] もちろん，これらの行動レベルの明らかな問題は，彼らが仕事や社会生活や家族，運動などを優先していることを表しているだけかもしれない。とはいえ，彼らを自己主導的な生涯学習者に変えるため，われわれがやるべきことは多く残されている。

自己調整 vs. 熟慮された練習

　心理学の研究のなかで，自己調整学習と類似した概念として**熟慮された練習**（deliberate practice）がある。エリクソンらは，[65]遺伝的に恵まれた才能が背景にあるという一般的な信念を反駁するため，熟達者のパフォーマンスの源を説明する概念として熟慮された練習を提案した。彼らの知見によると，熟達者は膨大な時間を体系的な練習に費やすという。具体的には，スキルやパフォーマンスの要素を分解し，（どんな些細なものでも）その要素における課題を把握するため，練習の度に自分のパフォーマンスを入念にチェックする。次に，その課題の原因を突き止め，次の練習ではその課題を解決するよう努める。将来熟達者になるような人の場合，一時に取り組むのは数個の失敗であるが，どの練習

8　人が何らかの活動を行い，その成否の原因について，自身の能力や努力といった内的な力によるものと認知するか，運や偶然といった外的な力によるものと認知するかの違いのこと。統制の所在が，内的であるか，外的であるかによって，その後の動機づけは大きく異なってくることが明らかにされている。

でもこうしたことに取り組むのだ。指導者やコーチは，課題を発見し修正する
のを手助けする役割を果たす。さらに，将来の熟達者は，熟達を求めて徐々に
高い基準を自分に設定する。熟慮された練習では，課題発見と課題解決，そし
て状態によって変化する目標を粘り強く追求することがくり返されていく。そ
れは，辛く，長い，くり返しの作業であり，心理的に過酷で，感情的に緊張し
た，大変なものだ。だが，熟慮された練習により，音楽，スポーツ，ビジネス[*58]
など様々な領域[*46]におけるパフォーマンスの向上や才能までもが解明されてきて
いる。

　実際のところ，熟慮された練習は自己調整学習を含むものである。たとえば，
（典型的にはその人が就く仕事においてということが多いだろうが）素晴らし
いレベルのパフォーマンスを示したいといったように，ある人は非常に大きな
目標に向かって熟慮された練習を行う。その一方，ある人は自分のパフォーマ
ンスをよくするためだけに熟慮された練習を行う。しかしながら，この概念は
（複雑ではあるが）ある特定のスキルやパフォーマンスの習熟に取り組むことに
適用される。他方で，自己調整学習は，異なるジャンルの文章を読むことから，
様々な種類の文章を書くこと，多様な問題を解決することまで，種々の相互に
関連しあったスキルにかかわるものである。しかし，熟慮された練習を念頭に
置くと，自己調整学習に類似した要素に気がつくだろう。その要素の１つでも
実践している人ならば，自分自身に関する信念，態度，性格特性を共有してい
るように思われる。

自己調整の理論的な源泉

　自己調整の概念は，アルバート・バンデューラの独創性に富んだ自己効力感
（self-efficacy）に関する理論がもとになっている[*225]。なお，この理論は，後に社
会的認知理論（social cognition theory）に統合された。子どもを対象とした研
究を行うなかで，バンデューラ[*13,15]は自己効力感についての信念が，どのくらい自
分の思考や行動をうまく自己調整できると考えるかに影響することを発見した。
さらに，高い自己調整能力を有する子どもは，多くのことを学習することがで
きる。結果として，その子どもの自己効力感はさらに向上することになる。こ

れらのことを見いだしたことで，バンデューラは学校で自己調整学習を教えるため，K–12[9]の教員の相談役を務めることとなった。[*14]彼は，生徒の自己効力感と学習を高める3つの方法にとくに注目するよう教員にすすめた。第1に，自身のパフォーマンスを自己観察，自己モニタリングすること，第2に，自分が設定した目標や価値，参考にしているパフォーマンス（モデル），パフォーマンスの決定要因に基づき自身のパフォーマンスを自己評価すること，第3に，自分で誤りを正すことを含め，自己評価に対して認知的，感情的に，そして，目に見える形で反応すること。こうした教育により，生徒は固定的知能観を抱くことが少なくなるという。[*60]理由は何であれ，バンデューラが考えたことは，少なくとも彼が意図した通りには，教育実践として実現されなかった。K–12の焦点は，自己効力感や自己調整というより，自尊感情を培うことに向けられた。

　自己効力感と社会的認知理論が自己調整学習の生みの親である一方，ジマーマン[*221]は，行動主義（behaviorism），現象学（phenomenology），情報処理理論（information processing），意志（volition），ヴィゴツキー（Vygotsky），構成主義（constructivism）という他の6つの有名な心理学の理論を用いて自己調整学習を融和させた。他の理論を使って自己調整学習をうまく整理したことで，自己調整学習の概念とともに，それに基づく知見の妥当性も高まった。詳細はジマーマンとシャンク[*224]に詳しい。

　自己調整学習は，初心者と熟達者の思考の違いをとらえるうえでも有益である。スクロー[*176]，ブランスフォードら[*36]，ジマーマン[*222]の研究に依拠しながら，グロスマン[*79]は，初心者と熟達者が，自身の学習に抱く大きく異なる視点を分析した。グロスマンによると，初心者は統制の所在を外的なものに置き，課題に対して不十分な能力しかもたないと考えるため，挑戦的な課題を学習することを諦めてしまう。学習すると決めたときも，いいかげんなやり方で取り組んでしまう。目標を定めたり，ステップに分解したり，学習の進捗をチェックしたりしない。必要なときも，学習の方法の評価や見直しに失敗してしまう。自己評価したり達成できなかった目標を再設定したりするよりも，他者のフィードバックに頼り，他者とパフォーマンスを比較してしまう。問題解決場面において，問題探索より先に進むことはめったにない。[*175]一方，熟達者は，一貫して自らの学習を管理，

9　幼稚園から高等学校までの教育課程。

調整しており，失敗も自らの学習方略を変える合図として受け止める。[222] 問題解決においては，問題を読み，探索，分析し，計画を立て，実行し，解決に向けて自分のやり方を評価する。[175]

　自己調整学習は，学習前，学習中，学習後と，時間の経過とともに生起するため，スクローはその過程の3段階のモデルを開発した。[176] まず，「計画」は，学習課題に先んじるものである。「モニタリング」は，学習の最中に起こる。そして「評価」は，学習の直後に生じる。各段階で，自己調整的な学習者は，**自己調整のためのチェックリスト**に回答するとスクローは主張している。このチェックリストは，熟達者が学習したり問題を解決したりする際に自らに問いかける質問にかなり類似したものだ。以下にあげた質問はその代表的なものである。

- **計画における質問**：これはどんな課題だろう？　目標は何だろう，またどうすればその目標に達したとわかるだろう？　課題を行ううえで自分の意欲はどの程度だろう，またもし低ければどう意欲を高められるだろう？　どのくらいの時間と資源が必要だろう？　トピックについてすでに知っていることは何だろう？　もしあれば，他にどんな情報が必要だろう？　どんな方略を活用すべきだろう？　課題に対する強みは何だろう？　どう弱点を補えるだろう？　課題を行うことを阻害するものは何だろう，またその妨害はどう防げるだろう？
- **モニタリングにおける質問**：何をしているか自分でわかっているだろうか？　課題に対するアプローチは適切だろうか？　自分の方略はうまくいっているか？　目標に対してうまく進んでいるだろうか？　必要な場合，取り組みや方略をどう変化させるべきだろうか？　どの題材が最も重要だろうか？　理解できない題材はどれか？　思い出すのが難しい題材はどれか？　今学習していることはすでに知っていることにどう関連するだろうか？　それは私の経験や将来にどう関連するだろうか？　トピックについての考えはどう変化しているだろうか？
- **評価における質問**：どの程度目標を達成しただろうか？　どの程度学習しようと設定したことを習得しただろうか？　どの程度妨害の原因を避け課題に集中したか？　どんなやり方や方略がうまくいったか？　うまくいかな

かったものは？ 同じような課題に取り組む際に，違った方法ですべきことは何か？ 学習したなかで最も重要なポイントは何か？ まだわからないことは何か？ 復習すべきことは何か？ 専門家に答えてもらうべき質問は何か？ 新たに学んだことは，これまで学んできた，あるいは経験してきたこととどう関連するか？ トピックについての考えはどう変化したか？

　ジマーマン*220, 222は，自己調整学習の３つの「段階」について，予見（forethought），遂行／意志コントロール（performance or volitional control），自己省察（self-reflection）という，類似しているがより抽象的な枠組みを提案している。これらの段階のなかには，より詳細な心的過程として２つの「種類」ないし分類が存在する。

- **予見**
  - 種類 #1：目標設定や方略的な計画を含む課題分析
  - 種類 #2：自分の学習についての自己効力信念，学習の結果についての期待（知覚された価値），課題に対する内発的興味（知覚された価値），目標志向性（学習志向性のほうが遂行志向性よりもよいという）を含む自己動機づけ信念
- **遂行／意志コントロール**
  - 種類 #1：イメージ化，自己教示，注意の焦点化，課題方略の適用を含む自己統制
  - 種類 #2：自己記録，自己実験（何が最もうまくいくか様々な方法を試すこと）を含む自己観察
- **自己省察**
  - 種類 #1：何らかの基準（以前の自分のパフォーマンス，他者のパフォーマンス，何らかの絶対的な基準）に基づくパフォーマンスの自己評価，結果の原因帰属（統制の所在についての信念）を含む自己判断
  - 種類 #2：その後の動機づけを向上／低下させる自己満足の程度，より効果的な学習方略の使用や自己イメージの保持につながる適応的／防衛的調整（テストを受け損なったりコースを途中でやめたりするなど）を含む自己反応

スクローとジマーマンの枠組みは，いずれも自己調整学習の時間的な性質（temporal nature）について納得させるものだ。それは，順序立てられた心理的な過程，すなわち熟達者や熟練の学習者が自動的に実行している一連のルーティンなのである。

感情の自己調整

感情のコントロールは，自己調整学習の不可欠な要素であり，ジマーマンの枠組みでは，3段階のうち2つの段階での感情のコントロールが強調されている。予見段階で，学習者は，課題に対する興味やその価値，自己効力感，熟達したいという気持ちを意識的に確認することで，その課題に立ち向かうよう自分を鼓舞しなければならない。また，課題を終えたあとの自己省察では，自分のパフォーマンスについてまず判断を行い，次に，その判断に対して感情反応を起こす。喜びを感じることで，意欲と予見段階で生じていた他の肯定的な感情が強まる。失望すれば，学習方略の見直しや，課題を達成するという目標に対するやる気の減退を招くことになる。後者の反応が生じると，さらに次の学習課題に対する予見段階で必要とされる肯定的な感情まで低下する可能性もある。

学習の過程における肯定的な感情の重要性はどんなに強調しても強調しすぎることはない。合理的で，精神的に健康な人間であれば，自分の能力が及ばない，あるいは自分に対して否定的な感情を生じさせられたりする目標を追求したりしない。しかし最近明らかになった，感情や認知の鋭敏さや課題の成果の間の生理学的な関係性はこの当たり前の知見を超えている[89,126]。たとえば，高校の生徒に対して行われた研究では，高いテスト不安（とくに，心配の度合〈measures〉）が生徒にとって重要度の高いテストの成績を有意に低下させたことが示された[35]。また，同じ研究において，実験者はテストエッジ・プログラム（TestEdge Program）とよばれる介入を取り入れた。その介入において実験群の生徒は，テスト不安と全体的なストレスを低減させ，肯定的な感情を生起させる方法を首尾よく学習した。比較ペア（matched-pairs）の分析では，実験群の生徒は統制群の生徒に比べて有意に高いテスト成績を示す傾向が見られた[35]。

第1章　自己調整学習とは何か，学習をどう促すか

テストを受けた状況は自己調整学習とは直接関係しないものの，これらの新たに生まれてきた研究群は感情の自己調整と関連する。介入プログラムは，「心から」ゆっくりと呼吸をすることを求める。これにより，肯定的な感情を生じさせる思考とその他の心の運動が始まる。このシンプルな介入が学習に及ぼす影響は，早晩研究者によって調べられるだろう。そうした知見は，多くの生徒の学習過程を阻害している，冷淡で不安で防衛的な感情の態度を打ち破る手助けとなるだろう。

自己調整学習の利点

　前述したように，自己調整学習は，実質的には誰でもが理解し発達させることのできる，一連の実践である。特定の能力や知能が必要なわけではない[176,177,179]。むしろ，第1に，その実践法と利点を知ること，次に，それらの実践を実行したいと望むか，あるいはそうさせようとする外的なプレッシャーに積極的に応答することが必要となる。内的な動機づけが低い学生にとっては，教員がそうしたプレッシャーを与え得る。

　学生は方略を試してみるまでは信じないだろうが，その結果は重要で，多彩である。自己調整学習によって以下が高められることについて多くの証拠が蓄積されてきた。

1. 授業や授業の単元における学生のパフォーマンス／達成度[11,31,32,47,72,75,81,100,119,122,128,129,147,155,157,168,177,222,223]
2. 学生の思考の量および深さ[93]
3. 自分の学習に対する意識的な集中[147]
4. 内省的で責任感をともなう専門意識（professionalism）の発達[186]

　実際，自己調整を行う能力は，SAT [10] の得点に対してIQや親の教育，両親の経済的地位よりも強い予測力を示す[76]。

　自己調整学習において主要な役割を果たす1つの心理的な過程である自己評価と学習との関係を見てみよう。不正確な自己評価は自己調整の低さと関連す

───────────────

10　アメリカにおける大学入学のための試験。

るということは理解できる。しかし，不正確な自己評価はパフォーマンスの低さとも関連するのである。クルジャーとダニングの研究では[103, 104]，テストで最も低い四分位数[11]だった大学生たちは，自分のテスト成績を平均して中くらいの得点程度だと高く見積もった。低い成績と自分の解答に対する過大な自己評価との関連は，医学部の学生[63]や他専攻の学生[21, 118, 147]においても見られる。学生に自分自身の成績基準を作らせるという解決法は効果がないということがわかっている。その方法では，解答の質を区別する力や，彼らが予測した成績と教員や他の学生がつけた成績の一致度を高めることはできなかった[144]。唯一希望の光があるとすれば，成績が低い学生の自己評価は歪んでいるものの，その自己評価に対する自信は，自己評価がより正確な，成績が高い学生に比べて低い，という結果が得られていることだろう[132]。

逆に，自分の解答を正確に，つまり，教員と同じように，評価している学生は，学業達成が高い，あるいは進度がより進んでいる傾向にあり[63, 文献の幅広いレビューとしては[33]を参照のこと]，動機づけも高かった[118]。そうした学生は，他の専攻と比較して，科学系の専攻や統計学[68]のような数学系の専攻[62]により多く見られた。もちろん，こうした知見には，学部レベルの科学や数学の問題は通常唯一の正答があり，それを導く方法も限られているということが反映しているのだと思われる。

自己調整と自己効力感は互いを強めあうというバンデューラの知見を思い出そう。結果として，うまくいっている学習者は統制の所在を内的に位置づけ，学習の成否を自らの学習習慣や努力に帰属することができる[75, 122, 222, 223]。自己効力感の理論は，統制感，選択，意志が課題を行う動機づけを高めるということも示している。よって，当然のことながら，課題が学習者にとって特段関心を引くものでなくとも，自己調整学習はそれ自体人を学習へと動機づけるものなのである。近年行われた実験研究[168]では，数学科の学生により構成される2つのグループにJiTT（Just-in-Time Teaching）とよばれる予習課題が与えられた。その課題では，読み物を読み，いくつかの質問に答えることが課された。教員は学生のその解答をもとにクラスの活動を調整した。複数の段階的な処遇からなる実験群では，教員はJiTT課題の効果を学習者に説明し，JiTTの学習効果に関する3

11　すべてのデータを値の大きさの順に並べていったときに，4等分された最下位の位置に相当する値のこと。

第1章　自己調整学習とは何か，学習をどう促すか

つのふり返りシートを記入させた。統制群の学生は，説明もふり返り課題も与えられなかった。その結果，こうしたメタ認知的経験（教員の説明と学習のふり返り）が認知，感情，動機づけといった学習の諸側面にプラスの影響を与えたことが確認された。実験群の学生は，最終試験でもよい成績を示し，これらの課題の価値を高く評価し，その学期以降も任意である JiTT の質問に答える傾向が見られた。

バンデューラ[13,15]が子どもの自己調整と自己規律を結びつけたのに対して，これまで青年の自己調整学習と自己規律の関連づけは図られてこなかった。しかし，これらの間に関係があると考えるのは合理的である。自己調整を行うには自己規律が必要で，逆もまた真である。自己調整はまた性格の要素を含むもので，明らかに知的性格を形成する。自己調整により，責任や内省的な誠実さ，自省，改善の追求が涵養される。シュヴァルツとシャープは**知的徳**（intellectual virtues）[180]という用語を考えた際，同様の考えをもっていた。この概念には，真実への愛，正直さ，忍耐が肯定的な特性として含まれている。高等教育において，ますます高まる将来の知識要求に応える，意図的，自立的，自己主導的な生涯学習者を育てるという長期的な目標を実現するうえで，学生に自己調整学習の習慣を身につけさせることは不可欠であるということが以上からよく実感できるだろう。

自己調整の1つの側面である，年少時に満足を遅延できる能力は，大人になってからの行動や能力に多大な効果をもたらすことがわかっている。その能力は，高い収入のみならず，目標設定や計画力[66]，自尊感情，エゴ・レジリエンス（ego resiliency）[12]，ストレスマネジメント，学歴，社会的・認知的能力の獲得[133,134,135,183]につながる。

本書の構成

次章から始まる8つの章では，様々なコースの内容や様々なスケジュールのもと，学生が（認知的過程，感情，動機づけ，行動，環境を含む）自身の学習を自己調整できる活動や課題が多く示されている。これらには，筆者が**メタ課**

12　自我弾力性，すなわち自我をうまく調整することでストレスに対処する特性。

題（meta-assignments）とよんでいるメタ認知的な課題も含まれる。その課題では，学生が，内容に関する課題を遂行する際の自分の思考と行動を評価し記録する。エリオット[64]は，ミレニアル世代における優れた「知的な明瞭性」を発達させる手だてとして，**メタ課題**という用語を作った。

　読み進むと，読者は，**ラッパー**（wrappers）という用語にも出会うだろう。この用語は，コースの前，間，後に学生の注意を自己調整に向けさせる活動と課題を設計するために，ロバット[119]が考え出したものだ。用語が示すように，その課題は，課された文献やビデオ，音声教材，講義，コースの宿題，小テスト，試験などを包含（wrap）する。その目的は，学生の学習過程に対する意識を高める点にある。何を理解し，何を理解していないのか（あるいは覚えていないのか），どのように学習し，どのように学習していないのか，何を大事だと考えているのか，どのように課題に取り組んでいるのか，学習の経験をどう処理し，どう反応しているのか，どの程度うまく計画や目標を実行し実現しているのか，課題を学ぶことでどのような価値を引き出しているのか，どの程度スキルを向上させているのか，知識やスキルにどの程度自信があるのか，自分の知識やスキルをどの程度過大評価しているのか，どの程度小テストや試験に向けて効果的かつ入念に準備を進めているのか。ラッパーは，通常のコース内容の成績を向上させるだけでなく，どのように頭が働き，どうすればうまく学習したり遂行したりできるのかを教えてくれる。そうした点から，ラッパーは，通常の授業のすべての活動や課題の学習価値を倍増させているといえる。

　われわれは，初等教育段階でさえも，教員であれ[42]，仲間であれ[178]，自己調整学習方略を使用するモデルとなる他者を観察したり，その後それを自分でも練習したりすることで[37,54,105,176,177,184]，子どもが自己調整学習方略を獲得することを知っている。よって，自己調整の過程を「声に出して話す」モデルを観察することは，学生にとってスキルを獲得する第一段階となりえる。ただし，学生は次に，自分の初期のスキルを高める活動や課題を行う必要がある。可能な限り，これらの課題は授業の成績に対しても価値あるものであるべきだ。単位を与えられることで，学生はどのように学ぶかを学ぶことをわれわれが重視していることに気がつく。それは，数分あれば済むことでもある。単位と成績評価については第10章において詳述する。

第1章　自己調整学習とは何か，学習をどう促すか

　第11章では，自己調整学習をコースデザインに統合する方法を考える。この統合は，シラバスにも明記されるべきで，学び方を学ぶことはそれ自体（決定的とまでは言えないものの）価値のある学習成果なのだということを学生に伝えるものだ。実際，この成果は，自己調整過程の様々な側面に注目した成果の集合体である。この統合に対して他の教員が示す異論にどう対処するかを論じたあと，第11章では課題と活動をまず統合すべきことを述べる。これらの提案は，授業の時間や成績をつける時間をほとんど，あるいはまったく必要としないが，学生の達成度に大きな影響を与える。うまく行けば，担当する次の数時間にも，実施が容易な自己調整的な活動や課題を少し加えようという自信を教員に与えてくれる。初期に追加できる活動や課題も本文で示した。完全に統合された授業を達成するための1つの選択肢は，学生に学習ポートフォリオを作成させることだ。このポートフォリオには，内容とスキルに関連した課題のみならず，自己調整学習のすべての成果が含まれる。第5章においては，メタ課題としてのポートフォリオのいくつかの種類について論じる。

　最終章では，統合されたコースデザインのモデルを提示する。科学・技術・工学・数学（それぞれの専攻の頭文字を取ってSTEMとよばれる）領域からライティングの補習まで，異なる複数のコースについて解説し，そこでは，知識とスキルの習得に加えて自己調整学習の成果を明示的に示した。これらのいくつかのコースでは，学生は，自己調整的なふり返りとラッパーからなるたくさんのポートフォリオを学期中に作成する。他のコースは，自己調整的な学習活動と課題が学生の達成度に及ぼす影響を厳密に調べる研究の対象となってきた。その成果によると，学生が自己調整学習を一気に訓練したときに，多くの，そして，通常はほとんどの学生が教科内容，問題解決，ライティングスキルの学習において驚嘆するほどの成長をなし遂げたという。加えて，少数の研究ではあるが，自己調整を学んだことで最も恩恵を受けたのは落ちこぼれの学生であったことも示されている[147]。だとすれば，内容に関連した通常の成果に，これらの学習効果を組み合わせない理由はないはずだ。

　本書は，授業に一味加える，あちこちで使える活動例を単に示したものではない。学問的な知識とスキルだけでなく，コースの間，あるいはコースが終わったあとにもそれらの知識・スキルを学び保持し続けるための確かな方略も教

える。そうしたコースを構造化するガイドとして，むしろ本書を考えてほしい。すべての教員に，すべてのコースで，自己調整学習を行う機会を提供する時間は存在する。というのは，その活動は教員にとっても学生にとっても，授業の内外で多大な時間を必要とするものではないからだ。内容を学ぶ時間を奪ってしまうどころか，自己調整学習は，学生が内容を学ぶための手助けとなるだろう。

第2章
コースの開始時点から自己調整学習を促す

　授業を通して学生が得る学習成果の1つに自己調整学習を含めようとするならば，授業を始める学期の最初に，自己調整学習が大事であることを学生に意識させるような学習活動や課題をいくつか行うべきである。たとえ自己調整学習を重視しないとしても，本章で紹介する教授方法のいくつかを授業で使ってみたいと思うかもしれない。ただし，ここで紹介していく方法は，どれも第1章で示したような多様な活動や課題を網羅しているものではないこと，そして大部分が個々の授業科目の課題や内容から独立した一般的なものであることを念頭に置いておいてもらいたい。しかし，自然科学系の学部を含めて，いくつかの学部では内容に特化していない学習活動や課題を授業科目で行うことがある。そうすることによって，学生が質の高い学習をし，よりよく内容を学ぶことを授業の担当教員は知っているからである。
（たとえば，*153, 210, 211を参照）

　本章の最後の2つの節で紹介するような自己評価活動は，少なくとも一連の授業の最初だけでなく最後にも行うことができるし，多くの場合はそうすべきである。最後にも自己評価を行うことで，どれぐらい自分たちが学んできたのかを学生自身が知ることができる。もちろん，指導を行ってきた教員自身も，学生がどれだけ学んだのかを知ることができるし，大学での業績審査であるファカルティ・レビューに，学生が自己評価したものを学習成果の証拠として提出したいと思うかもしれない。

学習と思考に関する読みと議論

　学習や思考の性質について書いた文章を事前に読んだことがあるという学生はあまりいない。そのため，授業の最初の1週間で，学習によってどのようなことが生じるかに関する読み物，とくに学生の興味を引くような短い読み物を課題として与えるとよい。幸いなことに，少なくとも次の2つの優れた読み物をウェブ上で利用することができる。

　「**学ぶこと（あなたが最初にすべきこと）**（_Learning〈your first job〉_）」ロバート・リームンソン[112]の12ページからなる小論のなかで，リームンソンは人の認知の特徴に関する様々なトピックを紹介している。たとえば，学習に関する脳の生物学，**理解**することと**覚える**ことの違い，講義を積極的に聴いてノートをとる方法，授業科目に対する興味を高める方法，授業外の時間を効果的に使う方法，**知識**と**情報**の違い，新たな情報を理解するために知識をうまく活用する方法，試験を受けるための準備のしかたなどである。リームンソンはいかに学習すべきかに関して，研究結果に基づく思慮深いアドバイスをしている。そして，すべての学生にとって，学習するうえでは確実に作業と努力が求められるけれども，そのなかで多くのやりがいが感じられることをはっきりと示している。

　「**学ぶことの学習**（_Learning to learn_）」カール・R・ヴィルトとデクスター・パーキンス[216]のこの29ページからなる文書は，リームンソンのものよりも長く，より発展的な内容を含んでおり，教員が専門職能開発のコースで学ぶような多くのスキーマを要約的に紹介している。しかし，パーキンス[153]とヴィルト[210,211]は，この文書を地質学の学生に与え，学生たちがある程度の努力をすればこの文書を理解できることを示している。文書で示されている主要なテーマは，伝統的な教授方法の失敗，教授から学習への移行，21世紀に学生に求められる学習，認知領域，情意領域，精神運動領域における思考と学習，意義ある学習のカテゴリー，学習のサイクル[101]，学習にともなう脳の変化[154]，知的発達の段階[19]，批判的思考の要素[150]，メタ認知，学習スタイルの次元[187]，成績に関する行動面での規準，優秀な学生と平均的な学生，努力を要する学生の特徴の違い，などである。

　こういった読み物を学生に与えようとするならば，議論のために授業の時間を割く必要がある。そのため，「議論に適したサイズ」のクラスであることが必

第 2 章　コースの開始時点から自己調整学習を促す

要で，おそらくそれは多くの学生が自由に発言できると感じる 40 名以下の人数である。学習内容に対して学生が頭を働かせるためのウォームアップとなるような質問（暗唱させる質問）をして，以前に学んだ内容を思い出させることで議論を始めてもよいかもしれない。しかし，よい議論はお互いの経験と視点のやりとりである。そのため，学生たちがうまく議論できるかどうかは，教員が複数の正答があり得るような質問をするかどうかにかかっている。[139]授業で次のような質問を投げかけるとよいだろう。

- 課題として出した読み物を読んで気づいたことで，最も大事だと思ったのは何でしたか？
- 課題として出した読み物を読んで，最も驚いたことは何でしたか？
- 課題を読む前から知っていたことはあります？
- コルブの学習のサイクルの考え方[101]に共感しましたか？　もし共感したとしたら，それはどの部分ですか？
- ペリーの知的発達の段階について[154]，どの部分に共感しましたか？
- フィンクが示している意義ある学習のカテゴリーの 1 つは，いかに学ぶかの方法を学習することであって，それこそがこの授業で扱っていく内容です。これまでにいかに学ぶかを教わったことはありますか？　もしあったとしたら，どこで教わりましたか？　学習について，どのようなことを学んできましたか？
- 読んできたことを踏まえて，この講義のなかでの学習のしかたをどのように変えようと思っていますか？
- 読んできたことを踏まえて，試験に対する準備のしかたをどのように変えようと思っていますか？
- 読み物に書かれていなかったことで，他によい学習のしかたを思いつきましたか？

こういった種類の自由に答えられる質問をすることによって，大勢の前で話すことに対する恐れを抱きにくくなる。学生が誠実に議論に貢献しようとしているのであれば，間違った答えというのは基本的にあり得ないことになる。

21

もしクラスの人数が議論をするには多すぎたり，あるいはオンラインで授業をしていたりする場合には，学生が書き込むことができるような形で，上述の自由形式の質問をふり返りの宿題として課すこともできる。このアプローチをとることで，学生は確実に資料を読み，自分の学習を改善するためにその資料に書かれているアドバイスを活用するようになる。

先にあげた資料のいずれかを読み進めていくことで，学生は自己調整学習について多くのことを学ぶことができる。その一方で，いずれの資料の内容も授業科目の内容とはリンクしていないため，教員は授業の時間や宿題の時間を設けるようにしなければならない。

目標設定

目標を設定することは，学習課題や問題解決に取り組む際，自己調整的な学習者が最初にすることである。そのため，授業科目に対する肯定的な目標を学生に設定させることは，後に自己調整を行うための準備となる。パーキンスは，[153]「なぜ君はこの授業を履修したのですか。目標としていることは何ですか」という問いに対して答えを書かせるという実践を行っている。この課題は，授業中に短時間で気軽に行うことができ，紙媒体でも自己紹介カードの形でも，あるいはオンラインでも課すことができる。また，アイスブレイク[1]としてこの課題を与えることもできるし，小グループでの活動やクラスでの短い議論として行うこともできる。

目標を設定する活動のなかで，授業や宿題に適したものとして，学期の**最終**日（最終試験の後）の日づけで「私はこの授業科目でどのようにして A 評価を獲得したのか」というタイトルのレポートを書かせるというものがある。R.S. ザンダーと B. ザンダーは，[219]学生の意欲（ambitions）を高め，その意欲をより具体的で実現可能なものにするための活動として，この興味深い課題を前向きにとらえて積極的に取り組めるようなものに改良している。自己調整学習を推奨する研究者のなかで，パーキンス[153]やヴィルト[210]は，この課題を自分たちの授業で用いてきている。この課題によって，学生は自分自身で高い目標を設定できる

1 　初対面の人同士がコミュニケーションしやすい雰囲気を作り出すこと。

ようになるだけでなく，目標を達成するための計画を立てることができるようにもなる。それまで A 評価を獲得していた学生は，読み方や勉強のしかた，計画の立案のしかた，文章の書き方，試験の受け方に関して，これまでにうまくいっていた方略をわかりやすく要約するかもしれない。その一方で，成績がよくなかった学生は，そのレポートに少なからず真剣に取り組まないといけなくなるし，少しばかり調べものをしないといけなくなる。1つの参考となる資料は，ヴィルトとパーキンス[*216]の最後の節であり，そこで著者らは，優秀な学生，平均的な学生，努力を要する学生がどのように学習しているかを比べている。A 評価を獲得できていなかった学生は，なぜ自分の成績が十分ではないのか，どういったときに自分の成績が不十分なものになるのか，またどうすれば自分が用いている方略を修正したり，改善したりできるのかを考えなければならない。こういった自己評価を行い，その後に目標を達成するためのより効果的な手段を計画することが，自己調整学習の中心的な要素である。この課題のフォローアップとして，クラス全体もしくは小グループで A 評価を獲得するためには何が必要かに関して議論をさせたり，「私はこの授業科目で実際にどのようにして A 評価を獲得したのか」や「私はなぜこの授業科目で A 評価を獲得できなかったのか」というタイトルで期末レポートを書かせることもできる。

別の方法として，レポートを書かせる代わりに，授業科目で A 評価を獲得するための方法を学生がグループになってブレーンストーミングを行い，そこで出されたアイデアをクラスで共有して評価するような課題を行うこともできる。そして，学生に示しておく価値のある効果的な方略を1枚の大きな紙に書いておき，オンライン上で示したり，学期の間じゅうずっと教室内で示してお
(L.セイジャー，私信，2012年3月16日)
くこともできる。遠隔授業では，チャット空間でブレーンストーミングを行ったり，最終的にまとめられた方略のリストをクラスのディスカッション用の掲示板に載せておいたりすることもできる。

こういった目標設定の課題や活動は有効であるが，授業科目の内容とは独立したものであるので，レポートを書くための宿題の時間を確保したり，アイデアを出したり，フォローアップの議論をしたりするための授業時間を確保することが必要となる。

自己調整学習スキルの自己評価

　学生に自分の自己調整学習スキルを評価するための測定尺度に回答させるのは，おそらく一連の授業の最初の頃か終わり頃であることが多い。そのような測定尺度への回答は，学習成果として自己調整学習を学生に身につけさせたいと考えており，学生が自己調整学習を身につけることに多くの時間を費やそうとしている場合に有効である。こういった目的を達成するために，すでに妥当性が確認されている2つの測定尺度が利用できる。3つ目の選択肢として，いくつかの自由形式の質問をすることもできる。

　1つ目の測定尺度は，クーパーとサンディ・ウレーニャによって開発された[47]27項目からなるメタ認知的活動質問紙（Metacognitive Activities Inventory: MCAI）である。クーパーらは化学を学ぶ学生用にこの測定尺度を作成したが，他のSTEM（科学，技術，工学，数学）系の領域におけるメタ認知的な問題解決スキルを測定するのにも使うことができる。測定尺度の全文は，http://pubs.acs.org/doi/abs/10.1021/ed086p240[47]で見ることができる。以下にいくつかの項目例を示す。

- 私は，課された問題に取り組んでいるとき，そこで得た知識を試験問題に応用できるように，概念そのものについて多くのことを学ぼうとする。
- 私は，一度結果が得られたら，自分が予想していたことと一致しているかどうかを調べる。
- 私は，解決方法を試してみる前に，問題を解決するのに役立つことがわかっている事柄を書き出してみる。
- 私は，文章の詳細をすべて読むことなく，問題を解き始める。[47, p.242]

　項目例の最後の質問項目は，尺度に含まれている他のいくつかの項目と同様に逆転項目であることに注意してほしい。つまり，この項目に肯定的に回答した場合，それはメタ認知的スキル（metacognitive skill）が欠けていることを示しているのである。

　2つ目の測定尺度は，メタ認知的気づき質問紙（Metacognitive Awareness

Inventory）とよばれるものであり，個々の学問領域に特化しない一般的な自己調整学習スキルを測定する尺度である。この測定尺度は，スクローとデニソン[*177]によって開発されたもので，宣言的知識（declarative knowledge: DK），手続き的知識（procedural knowledge: PK），条件的知識（conditional knowledge: CK）といった認知的知識のいくつかのタイプと，計画（planning: P），情報管理方略（information management strategies: IMS），モニタリング（monitoring: M），修正方略（debugging strategies: DS），評価（evaluation: E）といったメタ認知的プロセス（metacognitive process）の各部分を測定する 52 項目から構成されている。以下に示されるのが項目例であり，それぞれ異なる下位尺度に含まれる項目である。

- 私は，どれぐらいうまく学ぶかを自分でコントロールすることができる（宣言的知識）。
- 私は，勉強しているときに，自分がどのような方略を用いているかを知っている（手続き的知識）。
- 私は，自分の弱点を補うために，知的な面での強みを活かしている（条件的知識）。
- 私は，課題に取り組み始める前に，本当に学ぶ必要があることは何かを考える（計画）。
- 私は，問題に解答する前に，その問題に対していくつかのあり得る解答を複数考えておく（モニタリング）。
- 私は，学習を終えたあとに，自分が学んだことを要約してまとめてみる（評価）。
- 私は，学習しているときに，内容をよりよく理解できるように絵や図式を描く（情報管理方略）。
- 私は，学習内容を理解できないときに，別の方略を用いる（修正方略）。[*177, pp.473-474]

この測定尺度は項目数が多いため，授業で最も焦点をあてようとしている部分に関するスキルを測定する 15 項目や 30 項目を選び出して，その項目だけを使いたいと思うかもしれない。しかし，この測定尺度をみれば，メタ認知的ス

キルを網羅した素晴らしいリストになっていると感じるだろうし，学生にこの測定尺度の項目を配布したり，項目が示す内容について学生と議論をしたりしたいと思うだろう。

　測定のための3つ目の道具は，自由記述形式の質問を設定したウェブページである。その質問に回答することで，とくに読みに関して，どのようにして人は学習するのかや，どうすればより効率的に学習することができるかに学生が気づきやすくなる。ランツベルガーは，オンライン上の「学習のガイドと方略（Study Guides and Strategies）」シリーズの一部として，そういったウェブページを作成している。そのシリーズは，自己評価を行うことができる部分といかに学ぶかに関するアドバイスが示されている部分から構成されている。いくつかの質問は，スクローによる自己調整プロセスの3段階モデルで示されている内容を尋ねるものである。質問は4つの段階に応じて分類されており，1つ目の段階は授業科目の内容と関連づけられていないが，2つ目から4つ目の段階に関する質問は，特定の読みの課題と関連づけられたものである。そのため，これらの質問は，時期に応じた読みに関して全体を網羅する役割を果たす（詳細については第3章を参照）。最初に読んだときの回答をベースラインとして始め，最後に読んだときの回答を，学生がどれくらい自己調整ができるようになったかという進歩の記録として扱うこともできる。

　最初の質問群は，それまでの学習者としての経験を尋ねるものである。たとえば，どのような学習を楽しいと感じていたか，どのように勉強してきたか，どのように勉強の方法を学んできたか，学習したことをどのように示すのが好きか，である。2つ目の質問群は，現在の読みの課題に焦点を当てたものであり，とくに，学生が興味をもっているか，注意を向けているか，どのような環境で読んでいるか，計画的に読んでいるかに関する質問である。3つ目の質問群は，課題に取りかかり始める際に，最初の理解の方法を自分で確かめ，既有知識を思い出し，必要な資源を決定するために，自己調整的な学習者が自問自答するような質問である。最後の質問群は，自分で選んだ方略に対する自己評価と自己訓練を学生に促す質問である。すべての質問のリストは，www.studygs.net/metacognitiona.htm で参照することができるが，学生はまず www.studygs.net/metacognition.htm にある課題を完成させ，紙に印刷しておくとよい。ランツ

ベルガーは，クリックするだけで利用できる多様な学習のガイドと方略を使うことによって，学生がメタ認知的スキルを改善できるようにしている。

　もちろん，こういった自己評価のための測定尺度に対して教員は，成績をつけるべきではないし，この測定尺度は，自己調整的な学習者になれるように進歩しているかどうかを学生が自己評価するという目的のためだけに用いるべきである。

授業科目の知識とスキルに対する自己評価

　このタイプの自己評価には，教員が学生に獲得させようとしている授業科目の内容，つまり知識とスキルを組み込むこともできる。そういった自己評価は，授業の最初の回と終わりの回の2回にわたって行うように計画するのがよい。最初の自己評価は診断的なものであるが，それと同時に指導的な目的も果たす。つまり，新しい知識を得るための準備として，内容に関する既有知識を活性化させたり，教科に関する誤概念に気づかせたりすることで，それらを授業中に扱い，彼らの頭から取り除くことができるのである。また，仮に学生が授業に関する用語やプロセス，問題解決の技法を十分に理解していなかったとしても，学習する事柄を概観することができるようにする機能ももっている。最初の自己評価課題は，得点化したり，成績をつけたりすべきではない。2回目の自己評価によって，学生は自分が授業で学んできたことについて，余すことなく気づくことができる。そのため，まったく何も学ばなかったと感じて一連の授業を終える学生はいなくなる。時折，授業で何も学ばなかったと訴える学生がいるのである。この2回目の自己評価には，しばしば成績をつけることもある。

内省的作文

　教授法や教育評価に関する研究者は，授業科目の内容に関して自己評価を行うための多くの測定尺度を開発し，使用してきた。そのなかで最も単純なものは，授業科目の主題の本質やその重要性について，授業中もしくは宿題で短いふり返りを書かせるというものである。たとえば，「歴史学（もしくは，生物学，哲学，数学）とは何か。なぜこの問題が重要なのか」といった問いについ

て書かせるのである。[193] これらの質問が最も適しているのは入門の授業科目である。学生が最初に書く解答は十分なものではないかもしれないが，一連の授業の最後にはより洗練された解答を多く書くことができるようになるはずである。そして，そういった解答に対して成績をつけることもできる。

　クラフト[102]は，地球科学を学ぶ学生が自分の思考習慣と，一般的な意味での科学や科学的思考について理解できるように，より精緻化され，構造化された作文課題を考案している。学生は，「科学の本質は何だろうか。科学の営みとはどのようなものだろうか。地質学によってわかることには，たとえばどんなことがあるだろうか」などの問いに答える。こういった問いに対して，学生に自分なりの回答を書かせることもできるが，クラフトは授業の最初のほうの回で科学に関する記述が書かれた何枚かのカードを学生に配るという方法を採っている。それらの記述のなかには，最初の2つの問いに対する回答として正確なものも不正確なものもある。[45] 学生は，まず自分の科学に対する見方と一致しているカードを自分で選び，次にグループで選ぶ。グループで選ぶ際には，メンバー間で意見が一致していなければならない。授業の終わりのほうの回では，同じメンバーでもう一度グループになり，科学の本質が何であるか，科学の営みがどのようなものか，地質学は科学的方法をどのように例示しているかなどについて，メンバー全員で文章を書く。それに加えて，学生は最初の問いに対する自分の解答がグループの解答とどのように異なっているか，また科学という概念のとらえ方が，どのように変化したか，またなぜ変化したのかについて，ふり返りの文章を書く。クラフトによると，自分たちの科学に対する考えがいかに変化したかをふり返るときに，学生は最もメタ認知的な思考をはたらかせる。これらの作文課題に成績をつけることもできるが，必ずしもそうする必要はない。

内容に焦点を当てた作文

　ここで，内容に焦点を当てた作文が最終試験の基礎となり得ることを示す2つの例を紹介しよう。グリフィス[77]は，成績をつけない一連の論述式の質問に答える作文課題を学生に課している。彼女は犯罪学を教えているため，**誤審**とは何かを定義させたり，誤審と**不当な有罪判決**を区別させたり，誤審の発生率を

推測させたり，誤審が起こる主な原因を考えさせたりする質問をしている。グリフィスは，授業の最初のほうの回にこの課題を学生に与えて，その解答を集めておき，終わりのほうの回で最終試験を配る際に彼らが書いたものを返却している。最終試験の際には，学生は博士号をもった新任の犯罪学の指導者になったとして，自分が最初に書いた課題に対する批評を書き，不正確な部分を修正し，誤解を特定し，推論の誤りを指摘し，各質問に対してより完全で正確な解答を書く。

　もしグリフィスの評価方法を試したいと思ったら，彼女のモデルをもとにしながら，鍵となる概念や原理，技法，プロセス，重要な統計，原因，効果などに関する質問を工夫することもできる。しかしながら，これらの質問は，主に事実的知識や授業科目の内容にかかわる情報を尋ねるものである。読み物やクラスでの活動で直接的に解答が示されていないような，独自の思考を促す質問を考え出してもよい。たとえば，逆説的な現象の説明を自由に考えさせたり，ディベートでどちらか一方の立場に立ってその立場を擁護したり，逆の立場に立たせるような質問である。

　学生に授業科目の知識やスキルを自己評価させるための作文課題で，内容に焦点を当てたものとして，クレムゾン大学の人類学の教授であるマイケル・コ
（私信, 2010－2011）
ギシャルが開発したものがある。彼の教授法の手続きは，**見通しのための評価調査票**（perspective assessment survey）と彼がよんでいる作文課題を最初の週に課すことから始まる。この課題には成績をつけない。次に，学生に対して人類学に関する7つの命題を示し（命題の大部分は間違っているが，いくつかは正しいものが含まれている），それぞれに対する態度を尋ねる。学生は，「かなりあてはまる」，「あてはまる」，「どちらともいえない」，「あてはまらない」，「まったくあてはまらない」という選択肢から回答する。それから，学生は1，2文で，自分の意見の正当性を述べなければならない。コギシャルは，8～10分間でこの課題を終えるのがよいとしている。示される命題には，「植物／動物の家畜化は，人類の社会的歴史における重要な改善を意味していた。それ以降，多くの人類の生活は劇的に変化を遂げた」，「北アメリカ（メキシコ北部）の先住民族は，ヨーロッパ人がやって来るまで複雑な社会をまったく形成していなかった」，「神や（自分自身を含む）超自然的なものに対する考えは，"明らかに

なった"のではなく，重要な社会的もしくは心理学的な必要性を満たすために社会的なリーダーによって"作り出された"」などが含まれている。最終試験では，最初の週に与えたこれらの課題を学生に返却し，証拠を含めながら自分の意見がどのように変わったのかについて説明させ，もともとの7つの命題のうち4つに対して批判をし，書き直しをさせる。（命題を選ぶ数を制限しているため，学生が書くレポートは最初の週に書いた解答よりもはるかに長いものとなる。）学生が自分の立場を変えたかどうかについては成績の対象とせず，証拠をもとにその時点での自分の立場をどれだけうまく正当化できているかを成績の対象とする。この基準には，コギシャルが最も重視している学習成果が反映されている。また，彼はファカルティ・レビューに提出する書類に載せる学習の測度として，「価値が加わった最終レポート」の要約的な結果を用いている。

コギシャルの方法を実施するためには，まず授業を受ける大部分の学生が真実だと思っているけれども，学問領域ではすでに覆されているいくつかの神話を思い出すとよい。しばしば，そういった学問上の神話は，目を向けるべき深刻な誤概念であるし，授業のなかではっきりと取り上げる必要がある。

知識に関する調査票

知識に関する調査票（Knowledge Surveys）は，質問に答える能力や授業でこれから扱う課題，あるいはこれまで扱ってきた課題を遂行する能力に対する自信を評定する質問紙である。[141,142,215]ここでいう質問や課題には，全体として授業科目全体や単元での重要な内容やスキルが含まれていなければならない。学生はそれぞれの質問に数秒で回答するため，200項目からなる調査票を20〜30分間で終えることができるはずである。[215]もちろん，授業科目に合わせてこの調査票を修正する必要があるが，学習成果や宿題，授業中の練習問題，以前の試験，学期内に後で実施しようとしている新しい試験などから項目を収集することができる。このようにして，自分たちが得ることになる学習成果について確実に学生に読ませることができるし，授業科目の内容と評価との関連をよりはっきりとわからせることができる。もし学生が質問や課題をあまり理解していなければ，それを覚えていることはないだろう。仮に理解していたとしても，評価を行うことによって，授業で学ぶ重要な事柄を覚えることに関してとくに問題

第 2 章　コースの開始時点から自己調整学習を促す

が生じたりはしない。ヴィルトとパーキンス[215]は，最初に回答した知識に関する調査票を保管しておき，重要な内容について注意を向けたり，学習のガイドとして役立てたりするために，授業期間の間にその調査票を活用することをむしろ推奨している。

　ヴィルトとパーキンス[215]によると，知識に関する調査票に示されている内容とスキルは，完全ではないものの，ブルーム[29]による認知操作の階層や，アンダーソンとクラスウォール[6]によるブルームのタキソノミー(taxonomy)[2]の改訂版に示されている広い領域をカバーしている。思考の 6 つのレベルに相当する質問と課題の例は，次のようなものである。

- 解離性障害に含まれる障害の名称と定義を述べよ（知識／記憶）。
- **ソクラテスの弁明**のなかのこの一節でソクラテスが論じたことは何か（理解）。
- アルキメデスの原理を適用して，この不規則図形の体積を測定せよ（応用）。
- これらの薬効に関する臨床試験において，どの変数を統制すべきか（分析）。
- 12 歳の子どもに電磁気学を解説する授業の台本を書け（統合／創造）。
- (a) 積極的成長，(b) 成長，(c) 収入といった目的に鑑みて，この有価証券一覧に対する投資を評価せよ（評価）。

　もちろん，知識に関する調査票に示されている認知操作のレベルは，授業科目の内容にかかわっている。

　調査票の教示では，質問に答えたり，課題を遂行したりする能力に関する自信の程度を評定するように求めるのであり，質問に答えることや課題を遂行することを求めているのでは**ない**ことを**はっきり**と伝えるべきである。単純に，(a) かなり自信がある，(b) やや自信がある，(c) あまり自信がない，(d) まったく自信がない，などの自信の程度を提示したり，次のようなもう少し詳しくした選択肢[214をもとに作成]を設定することもできる。

- 私は質問や課題を理解できない。私は専門用語が理解できない。私は正し

2　ブルームの目標分類学。教育の目標とする領域を分類して示している。

い答えを出せると思えない。

- 私は質問を理解することができる。そして，(a) 少なくとも半分は正しく答えることができる，(b) 20 分以内に正答を得るために必要な情報をどのようにして見つければよいかをはっきりと知っている。
- 単位を得るのに十分なぐらいに，質問に答えられる自信がある。

　最後の選択肢は，自分の回答について，単位を得ることはできるものの高い成績はつかないと思っている場合と，よい成績が得られると思っている場合の二通りに分けることができる。学生はインターネット上に溢れている情報を詳しく知っているので，制限時間を 20 分間ではなく，1 分間や 2 分間に縮めてもよいかもしれない。

　知識に関する調査票は，学生の認識を尋ねるものであるため，しばしば実際の知識や能力とは異なることがある。学生は，自分が何を知っていて，何を知らないかについて常に正確な知識をもっているとは限らない。とくに，最も優秀な学生を除けば，彼らは自分の知識と能力を過大評価する傾向にあり，自分が知っていることと自分が知っていると思っていることとのギャップは，成績がよくない学生において大きくなりがちである。[21,103,104,118,132]こういった過大視する影響にもかかわらず，知識に関する調査票の結果は，実際の知識を反映するし，授業科目の段階での学習を測定するものとして用いることができる。[215]

　学生にとって最も重要なメリットが得られるのは，授業の最初の時点で回答したものと同じ知識に関する調査票に，終わりの時点でもう一度回答し，2 つを並べて以前と現在の回答を比べたときである。「授業科目の知識とスキルに関する自己評価」のところで先に述べたが，授業の前後の作文課題と同じように，知識に関する調査票によって，学生は自分が授業で学んできたすべての新しい内容とスキルに気づくことができる。そういった気づきは，学習者としての自信と自己効力感を高め，結果的にそれが自己調整を促すことになる。

実践の根拠を示す

　言うまでもなく，授業の初日は学期を通しての授業の雰囲気を決めるため，で

きるだけ早く，可能なら1回目か2回目の授業で自己調整学習の考え方を紹介することが重要である。まず，自己調整学習を，授業で得られるいくつかの学習成果としてシラバスに明示すべきである。学生に学習のポートフォリオを作らせようとするなら，自己調整学習的な課題や書く活動を最初にポートフォリオに含めさせると，それが彼らの（実際の，もしくは知覚された）内容的知識やスキル，あるいは最初に伝えられた学習に対する理解のベースラインとなる。

　一連の授業のなかでどれぐらい自己調整学習を扱いたいかによらず，授業の最初の段階で教員が意図していることを学生と共有するようにしておかなければならない。自己調整学習とはどのようなものであって，それによって学生自身に，また授業内容の学習にどのような利点があるのかを説明しておくのが大事である。それぞれの課題や活動によって，スキルがどのように身につくかを伝え，学期を通してそのことを思い出させるとよい。ピントリッチは，こういった明確な教科の扱い方を推奨している。こうすることによって，学生は教員が自分たちのためにしようとしていることをよりよく理解し，その価値がよくわかるようになるのである。

第3章
読む，見る，聞くことの自己調整

　多くの学生たちは，読むという行為からどのように学ぶのかを知らない。一般的に，学生たちは，読んでいる内容について疑問をもつ，情報源を評価する，次に何がくるのか予想する，自分の生活や感情，すでに知っていることと関連づけるといったことをほとんど行わない[20]。学生は，ただ事実や用語を探すことだけに慣れていて，それは，だいたいはメッセージの最も重要ではない部分であり，そして，自身の信念（beliefs）やスキーマ（schema）を再検討するよりも，前もって自らが抱いていた考えに合わせて，概念や意味を誤解していることがよくある。加えて，学生たちは自分自身の読みの方略（strategies）をどのようにそれぞれのジャンルに適用させるのかを知らないため，深い読みに必要な時間や努力を過小評価してしまう[20]。生涯学習のより多くの部分が読むという行為に依存するため，読解力，効率性，持続性や記憶保持力を強化するために，学生たちを支援することが必要である。この章では，学生たちの読みをより高めるための様々な方法を提供する。学生たちに読書課題に責任をもたせ，学生の対応に対して教員が謙虚に報いることによって，これらの多くの方法はまた，学生たちが課題に取り組むようになる可能性を高めるのである[139,147]。

　多くの学生たちは読むことが苦手なため，他のメディアから知識を得ることを好む傾向にあり，それが，ある研究者たちが，教員に「反転授業（flip classroom）」を促す理由にもなっている。この授業では，読みや実際の講義が宿題という形で映像や音声に記録された提示形式にできるだけ多く，置き換えられる[23,34]。教員によって作られるものであれ他の誰かに作られるものであれ，これ

らの提示形式はオンラインで，比較的簡潔なものにすることが必要である。これにより，学生たちはそこで得られた知識に基づく豊かな活動である対面での授業中の話し合いへの準備ができるだろう。学生たちは，30ページの章を読むよりも，15分の動画を見たり，10分の音声教材を聞いたりすることを好むだろう。しかしながら，プランニング（planning）やモニタリング（monitoring），学習の評価なしに，人は何でも見たり聞いたりすることができてしまう。そのため，いくつかの制約のなかで，読むことを高める自己調整学習の課題と同様のものを，聞いたり見たりする宿題に対しても適用すべきである。そういった課題にすることで，学生たちは宿題を確実にやってくるようになる。

　反転授業の発想はとても新しいものであるため，実質的にこの章のすべての課題は，読むことのために開発されたものである。しかしながら，これらは他の可能なすべてのメディアにおける宿題へ適応できると考えられる。

内省的作文

　内省的作文の目的は，学生が読み物やビデオ，音声教材をどのようにメタ認知的（metacognitively）に処理し，反応しているのかについて自らに気づかせることである。これによって，(a) どのように宿題から効果的に学ぶのか，(b) どのように内容を現時点での認知的および感情的スキーマに統合させるのか，ということに学生の目を向けさせる。言い換えれば，学生を，読む，見る，聞くという経験の前，最中，後において，**自己観察する**ように導くのである。内省的作文は，学生たちに内容の特定の事項を見つけて分析させることを仕向けるといった，次節で言及する「ジャンル別の内容に関する質問」とは異なるものである。

　文献に含まれる利用可能な無数の内省的作文の手がかり（prompts）のなかに，読者のニーズにぴったり合うものがあるかもしれない。もしなかったとしても，他の人が有益であるとしているものを手がかりに，自分自身のものを作る気になるだろう。

　学生たちがどのように学び，どのようにすればもっと効果的に学べるのかを調べるという，前章のランツベルガーの自由記述形式の質問のウェブページを

思い出してもらいたい（www.studygs.net/metacognition）。ステップ2, 3と4の質問は，特定の読み物，ビデオや音声教材の課題に関連するものである。ステップ2は，学生たちの興味，焦点，環境や計画について，ステップ3は，初期の理解，既有知識の想起（recall）や情報源のニーズについて，そして，ステップ4は，方略選択の自己評価や自己規律（self-discipline）について言及している。したがって，もし学生たちにすべての宿題，もしくは少なくともそのいくつかでそれらの質問に答えさせるなら，それぞれの学生の一連の反応は，学生がより自己調整的になることへの進捗度の記録となるだろう。また，「様々な学習のガイドや方略」へのリンクをクリックすることで，メタ認知的スキル（metacognitive skill）の改善の方法を学ぶことができる。

　ルイジアナ州立大学のアカデミック・サクセス・センター[44]によって開発され，マグァイア[129]によって進められた「学習サイクル」は，同様に自己調整をめざす学習過程で学生たちを導くものである。最初に，授業の前に学生たちは，読み物の予備知識を得る（ざっと読んだり，要約を読むなど）。この最初のステップは，ビデオや音声教材に代えることはできない。それから，学生たちは授業に出席し，24時間以内に授業のノートを復習し，なぜ，どのように，もし…ならばどうなる，といった質問を自分自身に問いかけ，最終的には自分自身の学習を定期的に評価する。加えて，学生たちは定期的に，自分自身の学習方法の有効性を評価することと，他者にその内容を教えるための能力の自己テストをしなければならない。この最後の2つの課題については，ウェブサイトを通じて宿題への取り組みや理解度を評価するためのよい内省的作文を書く手がかりが与えられる。

　カルマン[97]は，学生たちの物理学の教科書の読みや理解を助けるために内省的作文の練習を導入しているが，これはほとんどの読み物，ビデオや音声教材に適用することが可能である。この練習は，学生たちに，最も重要な概念や原理を正確に示したり，明確に理解していないことをそれと知るようにさせるものである。章の1, 2節を読み，重要な語句や文章を強調したり下線を引いたりしたあと，ページの約3分の2に，その意味することに重点をおきながら自由に記述し，それから，疑問をもったことや理解できなかったことについても自由に記述する。この2つの自由記述課題は，自己調整学習の様々な側面を促進

する。1つ目の課題は，学生たちに自分が何を思い出せた（思い出せなかった）のか，どのように理解したのかに気づかせることによる自己テスト機能として有効なものであり，2つ目は，学生たちが授業において理解していないことや明確にしなければならないことに注意を向けさせるものである。その学期の間に，学生たちは多くの自由記述をやることになるため，カルマンはそれをコースの成績の計20%とみなしているが，彼はやり遂げたかどうかについてのみ評価している。この課題に関する研究で，カルマンは学生たちが内容をよりよく学習し，テストでよい成績を残すことを見いだしている。この余分な作業を好まない学生たちであっても，学期の半ばにはそれが物理学を習得するうえで助けになることを認めるようになるのである。

　読むこと——あるいは，見ること，聞くこと——の自己調整を学生たちに奨励するための別の方略は，課題への感情や他の個人的反応を観察してメモをとらせるものである[20]。学生たちの記録は，欄外の注や二段組ノートの形式をとり，1つの列は実質的なノートに，もう1つの列は反応のノートに用いる。もちろん，少なくともその二段組ノートをたまに回収すれば，学生の取り組みを確認することができる。学生たちが記録した反応は，感覚，態度，価値（values），信念，展望，過去の経験，既有知識，考え方の変化などだろう。この練習は，読み物やビデオ，音声教材に焦点を当てることや，個人的な意味づけについてふり返ることを促すだけでなく，内容を感情と関連づけさせ，繊細な新しいシナプスの結合を強めることにもなる[228]。

　ミニッツペーパーは，学期の最後の授業で教室における評価の方法（CAT）としてとくに有名なものであり，自己調整学習を促進するために，読み物，ビデオ，音声教材によるラッパーとして役立てることができる。また，宿題に関する経験に敏感に反応させる任意の数の手がかりに対して，学生たちを反応させるようにすることができる。以下に示すのは，学生たちが読み物，ビデオや音声教材を終えた直後に，じっくりと考えたり書いたりすることができるいくつかのアイデアである。[*8, 210, 212から適用]

・読み物，ビデオや音声教材の最も重要な点
・学んだ最も有益なことや価値があること

第3章　読む，見る，聞くことの自己調整

・最も驚いたアイデアや予想外のアイデア
・優れていると思ったアイデア
・読み物，ビデオや音声教材の理解を助けたり妨げたりしたもの
・最も混乱した事項やそれらが混乱した理由
・すぐに実践に取り入れることができたり，取り入れなければならないアイデア
・鍵となる内容を高校生に対して伝えるならどのように言い換えるか
・この内容は既有知識とどのように関連するのか，あるいは関連しないのか
・他のコースの知識とどのように関連するのか
・現在の知識の枠組みとどのように調和するのか[131]

　ヴィルト[212]は学生たちに，先述の手がかりにおける以下の3つに対して，日常的に読むことのふり返りを記述させている。主要な点は何か？　最も驚いたことは何か？　最も混乱させたものは何か，なぜそれらが混乱させるものだったのか？　これらの質問は単純なものに見えるが，ヴィルト[210]は，コースを通して取り入れる他の多くの自己調整学習に関する活動や課題よりも，こうしたふり返りのほうが，最後のコースの成績に対して強く関連することを見いだしている。とくに，学生たちがその課題をより誠実に，じっくり考えてやり遂げるほど，コースにおける成果はよりよいものとなる。それらのふり返りは，読み始めることを自然と動機づけるが，読むということはテストされた内容やスキルの唯一の情報源ではない。学生たちの読むことのふり返りと成績の相関は，驚くべきことに .86 であり，推定によると，ふり返りはコースの成績の分散（variance）の74%を説明している（スライド31）。ヴィルトは JiTT（Just-in-Time Teaching）法に従い，学生たちの読みのふり返りをオンラインで回収し，それらを自分自身の講義や次の授業での話し合いの活動を構成するために使用している。

ジャンル別の内容に関する質問

　ジャンル別の内容に関する質問は，ふり返り（reflection）を求めるというよりもむしろ，その内容の認知的な分析を求めるものである。この理由から，特

定のジャンルの一部ないし全体の内容を，どのように読んで，見て，聞くのか
ということ——何を探すべきか，そして，どのように重要な要素を特定するの
か——を学生たちに指導するうえで，ジャンル別の内容に関する質問は役に立
つ。つまり，それらは学生たちに分析的なやり方を教えるのである。各ジャン
ルに対して使用可能ないくつかの標準的な一揃いの質問がすでにあるため，後
述部分で要約する。しかし，もし教員が自分自身の質問を作りたかったり，作
る必要があるなら，特定のジャンルに対してくり返し用いることができる一揃
いの質問を開発することが目標となる。たとえば，ジャンルの読み物としては，
小説，見解を含んだエッセイや書籍，科学誌の記事，あるいは，教科書が含ま
れる。授業で課すビデオや音声教材は，異なるジャンルに分類されることもあ
る。

　学生が小説を読んでいる場合は，教員は，学生を以下のような基本的な文学
的分析をするように質問するだろう。主要な登場人物を取り上げる，登場人物
らの目立った特徴や重要な対応を記す，文体を説明する，話の筋をなぞる，象
徴性や伏線のような文学の修辞的技巧の使用を特定する，より一般的な社会的
メッセージを明らかにすることなどである。

　見解を含んだエッセイや書籍ならば，以下のように質問できる。筆者の中心
的な論旨や主張は何か？　この主張をする筆者の動機は何か？　筆者は何に反
応しているのか？　筆者の議論の構成や構造はどのようなものか——すなわち，
論旨や主張を支持する主要な点は何か？　筆者が提供するどのような証拠がそ
れらの点を支持しているのか？　異なる証拠をあげてあなたが論じることがで
きる点は何か？　もちろん，次に示すようないくつかの内省的（refective）な
質問を加えてもよい。課題を読みながら，たとえ仮にでも，あなたの気持ちは
どう変化したか？　また最終的に，筆者の議論や証拠をどのくらい説得的だと
思うか？

　科学誌の記事ならば，ある研究チームが「自己調整的な主題の質問」とよん[169]
でいる，異なる種類の分析が必要である。この一揃いの質問は，われわれ自身
が専門分野において研究論文を読むときに無意識に探すような事項を含んでい
る。もちろん学生たちは，以下の質問について尋ねることを学んだり，その答
えを見つけたりする必要がある。筆者なぜこの研究を行ったのか？　その文献

においてどんな問題や明らかになっていないことが筆者らを動機づけたのか？　どのように仮説やリサーチクエスチョンを生み出したのか？　データには何が含まれているのか，そして，どのようにそれらを集めたのか？　なぜそのデータ分析の手法を選んだのか？　データからどのような結論を導き出したのか？それらの結論はどの程度正しいのか？　どのような研究の限界点を記述しているのか？　もしあれば，筆者らが見落としている限界点は何か？　筆者らの発見の意義は何か？　研究のどういったところがその分野に貢献するのか？

　教科書は，それ自体，独自のジャンルである。それぞれの章の最後の質問は，学生たちに気づいたり，書いたり，説明したり応用したりすることができてほしい概念，原理や事象に対して，しばしば注意を向けさせるものである。もしそうでなければ，以下のような質問を追加することができる。この章のなかで，最も重要な点，中心的な概念，鍵となる原理は何か？　この章は前章とどのように関連しているか？　この章は教科書におけるより大きな部分とどのように関連しているか？　概念Ｘは概念Ｙとどのように関連しているか？　概念Ｘと概念Ｙはどのように異なるか？　教科書のなかでまだ示されていない概念Ｘ（もしくは原理Ｘ）の３つの例は何か？　問題を解決したり課題を達成したりするために，この章の内容をどのように応用することができるか？

　ジャンル別の内容に関する質問の最後のタイプは，学生たちに自分自身で今後の小テストや試験を作らせるといった類いのものである。読み物，ビデオや音声教材からテストの問いを作らせるとき，教員も学生たちもいくつかの利点に気づくことになる。1つ目は，重要な部分を特定することを学ぶということである。2つ目は，学生たちが内容理解に対して自己テストを行うことである。なぜなら，理解してない内容に対して，よい試験の質問を作成することはほとんど不可能だからである。加えて，まずはテストを作ることとテストをすることを一緒にする時間や努力，そして，あとでテストの質問について不平を言う学生に対して対処する時間や努力を節約することができる。とにかく，教員が質問を作っていないのであれば，学生は教員と議論をしないだろう。

　これをうまく行うためには，思考を刺激するようなよく構造化されたテストの質問項目の作成方法を，学生たちに教えなくてはならない。ブルームやL. W.アンダーソンとクラスウォールのタキソノミーの認知操作に学生たちを慣れさ

せ，高次の思考に関する質問（応用，分析，総合，評価）にのみ単位を与える。思考の様々な水準について教えるだけで，学生たちのメタ認知的スキルが向上する。学生たちはまた，様々なタイプの問題（正誤，多肢選択，多肢正誤，穴埋め，論述）を適切に作る方法を学ぶ必要がある。この課題を行うには，教員や学生たちにとって有用で豊富な情報源が利用できる。^{（たとえば，*78, 91, 139, 145, 193）}

想起の自己テスト

　学習スキルに関する重要な本やウェブサイトは，すべて本質的には同様の読みの手続きを推奨している。たとえば，SQ3R は，概観，質問，読解，想起，復習を意味し，PQR3 は，下見，質問，読解，暗唱，復習を表す。読み物の**概観**や**下見**とは，まず読み物にざっと目を通し，だいたいは見出しや小見出し，イタリックや太字の言葉を見ることで，何についての内容なのか，どのように構成されているのかを見つけることができる。**質問**のパートは，見出しや小見出しを見ながら答えるような質問を作成することで，読むことの目的を自覚させるように仕向ける。ここで想定されている推奨には，教員が，内省的，批判的な読みや学習に関する質問を促していないことを前提としている。しかし，学生たちの自己調整学習スキルを向上させるためには，調べるべき内容を問う質問をうまく提示することである。**読解**の段階では，質問に答えることに目を向けつつ，学生たちは課されたページを目的をもって読む必要がある。

　手続きの4つ目と5つ目のパートは，学生の自己調整学習スキルの向上とともに，長期的な内容の学習を促進するものである。読んだあと，本やノートをしまい，覚えていることを声に出して列挙するか，書き出したりすることによって，可能な限り想起させる。それから，読み物に戻って復習し，忘れたり誤って想起した重要な点を探す。相当な数の研究が，この技法の有効性を裏づけている。たとえば，ローディガーとカーパイク^{*165}は，事実に基づく内容を何度も読み返すこと（具体的には平均14回）は，数回だけ内容を読んで再生まで行うこと（具体的には平均3.4回）に比べると，一週間後の想起がかなり低くなるという結果を見いだしている。実際，事実に基づく内容に関しての短期的な遅延自由再生（delayed free recall）において，想起して見直すという（recall-

and-review）方法は，時間のかかるノートテイキングとちょうど同じくらい効果があるとされる[*127]。そして，ノートテイキングとは異なり，想起して見直すことの利点は，読むことはもちろん，検索練習（retrieval practice）[1]や，リハーサル（rehearsal）に関してもどれだけうまく実行できたか，即時にフィードバック（immediate feedback）を得られることである[*127,165]。

　学生たちが，ビデオや音声教材の概観や下見ができなかったり，小見出しから質問を作ることができなかったりする可能性もある。しかし，教員は，見ることや聞くことの目的となるような学習に関する質問を学生たちに提示することができる。加えて学生たちは，内容の想起を練習したり，見落とした，あるいは誤って思い出してしまった重要な点を見つけるために，ビデオや音声教材を再生したりすることができる。

　近年の文献レビュー[*164,165]は，検索練習，フィードバックや反復（repetition）の結果である「テスト効果（testing effect）」とよばれる学習原理を確認する研究が多数あることを示している。自己調整学習には自己テスト（自己評価）が必要であり，検索練習，自己フィードバックや見直しが提供される。反復的な自己テストは，フラッシュカードやトータル・リコール・ラーニング（TRL）の背後にある原理である。トータル・リコール・ラーニングはフラッシュカードをもとにしており，法人組織，病院や軍隊の訓練で使用されている。TRLは，ハーマン・エビングハウスによって提案された「忘却曲線[2]（curve of forgetting）」に対抗して設計されたものであり，90％以上の知識の保持（retention）を示すとされている[*53,70]。

　反復的な自己テストの一要素ではあるが，検索練習はかなり多くの研究が行われてきている。検索練習は，新しい課題に素早く慣れることや，それぞれの検索の認知的な負荷の削減に役立つものである。その結果，内容について考えることができ，深い学習や概念理解を実感できる。さらに，検索がより柔軟なものとなり，内容を次の新しい状況に転移（transfer）させることが容易に

1　心理学研究において，特定の情報の検索によって，それと関連した他の情報の記憶成績が低下してしまう現象のことを「検索誘導性忘却（Retrieval-induced Forgetting）」とよぶ。この検索誘導性忘却を検討する際にとられる実験手続きを「検索練習パラダイム（retrieval-practice paradigm）」という。①カテゴリーの学習，②検索練習（一部の手がかりを与えて学習内容の再生を求める），③最終テスト，以上の手順で記憶成績が調べられる。

2　縦軸に記憶の保持の程度（％）を示し，横軸に時間の経過を表したグラフにおいて示される曲線のこと。保持曲線ともいう。初期の段階で急速に忘却が進み，しだいにそのスピードを緩めていくというもの。エビングハウスが明らかにした。

*41, 94, 127, 167
なっていく

　本書の関心の対象は自己調整学習ではあるが，教員が頻繁に実施する小テス
トは，自己テストと同じ効果をもつ。マインド・ダンプ（mind dump）とも
*16, 164, 167
よばれる 10 分から 15 分の授業中の活動も同様であり，学生たちはその日に課
せられた読み物，ビデオや音声教材について思い出せるものをすべて書き出す
のである。次回の試験の際にそれらの要約を学生たちに返却すれば，よい取り
組みをさせるためのインセンティブとなる。しかし，学習の成果は，まずライ
ティングの実践の準備段階で，それから授業で，実際に，注意深く読む，見る，
聞くことと反復的な検索練習を行う過程でもたらされる。

視覚的学習ツール

　学習を促進させるものとしての視覚的な表現力についてこれまで詳細に記し
*138, 139
てきたので，ここでは多くの点について長々と論じることはしない。認知心理
学や教育心理学における実験研究は，図の力や，本文の内容を詳しく説明する
（たとえば，*123, 200を参照のこと）
図の方法といった，非常に納得のいく結果を示している。「概念マップ」と「マ
インドマップ」の 2 つの教育的な応用に関する多くの研究は，まさにこの広く
用いられている 2 つの図の名のとおり，基礎的な研究知見を実証的に明らかに
している。そして，学生たちの読みの理解を促進する視覚ツールを推奨してい
（たとえば，*20, 129, 194）
る研究者も多く存在する。同様に視覚ツールは，疑いなく，学生たちのビデオ
や音声教材の理解も高める。

　教員が学生たちのために視覚的表現を作成するにせよ，または学生たち自
身でそれらを作成するにせよ，いずれにしても，学習における利益が生じる。
しかしながら，少なくとも最初に教員自身が作成したいくつかの例を学生た
ちとともに検討しなければ，学生たちは自分自身で視覚的表現を作成するこ
とができないかもしれない。視覚教材を用いてコースを始める際には，図解
シラバスや成果マップを作っておきたい——前者は，コースのトピック相互
の関連性や構成を示すものであり，後者は，コースのなかで学生たちが獲得
しなければならないスキルや能力の順序や発達をレイアウトしたものであ
*138
る。図解シラバスは，コースの構成を示す喩えとして役立つものになるだろ

第3章 読む，見る，聞くことの自己調整

う。これには流れ図，図式，マップ，場合によって具体物のようなもの，そして内容を示す図像，幾何学形状やシンボルが使われる。他方，成果マップは，一般的に流れ図の形式をとる。これらの視覚教材はそれぞれ，学生たちにコースの内容と学習過程の全体像を示す。コースとは，内容や学習結果のばらばらの断片からなる直線的なリストではない。学生たちは，文章のシラバスがどれだけその構造を不注意に描いていたのかについてすぐに気づくだろう。むしろ，トピックと成果は，学期を通してお互いに構築していくものである。それら両者の視覚教材は，「広大な」（コースレベルの）スケールで新しい知識やスキルを組織化させるために，正確な既成の構造を学生たちに提供し，学生たちは何らかの構造をもたなければならない。*7, 36, 160, 194 それがなければ，深く，概念レベルで内容を理解したり，長期間にわたって内容を保持したりすることができない。心のなかでは，構造の形を容易に思い出すことができるため，それを言語的情報を検索する手がかりとして使うことができる。もしそのような構造を学生たちに与えることに失敗すると，正確で組織化された全体像を自分自身で作っていくようなよい機会が減ってしまうことになる。

図解シラバスや成果マップのような視覚教材はまた，概念とトピックの関連や学習成果の間の関連を含む全体像のなかで，要素の統合を学生たちに示すものとなる。要素間の空間的な配置はまさに，最も重要な関連や，時間や過程において他のものに先行する関連を暗に示し，抽象的なものをより具体的にすることを助けることにつながる。それから，学生たちは，推測したり新しい関連を作ったりといったように，要素について考えたり，取り組んだりし始めることが可能となる。

ちょうど教員が担当するコースのように，課された読み物，ビデオや音声教材についても図表を用いて同様に表示することが可能である。このような視覚教材は，文章素材を処理したり覚えたりする別の方法を提供する。その方法は脳の異なる部分に依存し，文章に基づく学習を強化するものである。とくに文章は，ビデオを見たり音声教材を聞いたりするよりも心的な努力を多く必要とするため，グラフィクス（graphics）よりも学ぶことが難しい媒体である。学者のような高いスキルをもった読者は気づいていないが，文章を読むということは，複雑な線のパターンを認識して単語に翻訳し，それから，それらの単語

45

が意味をもつようにグループ化することが必要となる。とくにその分野の背景知識をほとんどもたなかったり非母語で読んだりする学生たちにとって、この過程は長い時間がかかり、多くの努力をともなうものである。加えて、視覚教材ではなく文章で何かを伝達するためには、より多くの線が必要となる。もちろん、文章はより詳細で具体性のある情報を提供するものである。抽象的な内容をより深いレベルで保持するためには、心のなかで、とにかく情報を単純化させ、必要のないささいな内容を取り除き、類似の視覚的な構造に整理しなくてはならない。読み物の内容を整理したり保持したりするために図を使用することに学生たちを慣れさせるため、学期の初めに1つ2つの課題を概念マップやマインドマップとして作って見せてもよい。それらのマップは、学生たち自身の読解マップのモデルとして役立つことに加え、のちの読み物の構造を予測することを助けることができる。

　視覚的学習ツールを与えることが、学生たちの学習や記憶の保持を促進することは明らかだが、必ずしも自己調整学習スキルを高めるわけではない。自己調整学習スキルで学生たちを支援するためには、学生たちの心のなかから視覚的表現が生起する必要がある。学生たちが読み物、ビデオや音声教材のマップを作るときには、内容に関する自分自身の統合的な構造を考案し観察したうえで、マップを描かなくてはならない。この練習は、学生たちに新しい知識を整理させるだけでなく、最も深いレベルでの内容の理解にも気づかせるものである。自分で作ったものは長期間記憶に保持される傾向があるため、初期のスケッチの正確さに対して学生たちに手がかり（プロンプト）としてのフィードバックを確実に与えることが必要である。教員がフィードバックを与えることもできるし、学生たちをグループにしてそれを与えることもできる。試験のための見直しの活動として、学生たちは、それぞれの読み物、ビデオや音声教材を個別にだけではなく、それらを集約し、授業で学んできたことを統合して、視覚的に表現すべきである。[152]

　学生たちは、前のコースの経験から図解的な表現に対してすでに慣れているかもしれない。または、与えられるいくつかの例を学ぶことによって、すぐにそれらを理解するかもしれない。しかし、もしそうでなければ、図解的に示す方法そのものを学生たちに教えることは簡単である。概念マップ法（概

46

念地図法ともいう，concept mapping）は，ポピュラーであり，階層的に整理された知識を提示することに優れている。一例を見てみよう。練習では典型的に，最も包括的／一般的／広い／抽象的なもの（「上位」とよばれる）から，最も排他的／個別的／狭い／具体的なもの（「下位」とよばれる）にいたるまで，学生たちの概念や原理を整理していく。グループ活動としてこの練習を行ったあとには，学生たちは自分自身の概念マップを描き始めることができるだろう。[205]

1. 学生たちがすでによく知っている相互に関連性をもつ概念，トピックやカテゴリー（以降は「コンセプト〈concepts〉」とよぶ）を 12 から 15 個選ぶ。それらのコンセプトは，学生たちがすでに履修したコースや，一般的な知識から得られたものだろう。それらのコンセプトを，掲示板やスライドにランダムな順序で掲示する。

2. 学生たちをグループにして，それぞれのグループに付箋や小さな索引カードへコンセプトを書きとめさせる。

3. それぞれのグループに，最も一般的で，広く，包括的な，主となるコンセプトを特定させ，大きな 1 枚の紙の一番上および真んなかにそれを書かせる。グループがしっかりとスタートするため，グループの代表者にその選択について説明させ，希望があれば変更させる。

4. それぞれのグループに，残りのコンセプトを，最も一般的で，広く，包括的なものから，最も個別的で，狭く，排他的なものへ，順序づけたりまとまりにしたりするように伝え，それから，関連性のある階層──おおよそピラミッド型にそれらを配置するように伝える。

5. コンセプトの周りを取り囲んだり，直接的に関連するコンセプト間を連結させたりしながら，一枚の紙の上に階層を置かせる（下にいくという方向が想定されているため，矢印は必要ない）。それから，「タイプの 1 つ」，「たとえば」，「先行する」，「含む」，「明示する」，「導く」といったような，関連を示す短い記述を，リンクする線に名づけさせる。名づけられたリンクに沿って関連づけられたコンセプトは，「命題」とよばれる。

6. 最後に，別の系統のコンセプト間の関係を示す「クロス・リンク」[3]をグループで探させて，描かせ，名づけさせる。概念マップ法の提案者には，点線でクロス・リンクを描くことを推奨しているものもいる。いずれにせよ，クロス・リンクは他のリンクする線の周りにループする形で示すべきであり，交差して描くべきではない。

　少なくともいくつかのグループには，クラスの残りの人たちに対して自分たちが作った階層を提示し，説明するようにする。すべてのマップがまったく同じではないかもしれないが，それでもそれらのマップは的確に階層を示すものであろう。しかしながら，何か明確な間違いについては，特定して修正させる。間違い指摘する前に，そのグループのコンセプトの配置に異論はないか，クラスの残りの人たちに対して尋ねる。

　この練習の全体は，30分かかるかもしれないが，概念マップ法ということ以上のものを学生たちに教えてくれる。学生たちは，分析や分類といった，抽象化や批判的思考の操作を練習するのである。

　主要なアイデアが中央に位置し，関連する（第2の）アイデアが次のレベルとして矢印の線によって連結されて中央から放射線状に広がるという以外は，マインドマッピングも似たようなものである。それから，第3のアイデアは第2のアイデアから放射線状に広がるといったように続いていく。マインドマップでは，必ずリンクに名前をつけるというわけではないが，主要なリンクを区別するために色を明示的に使ったり，記憶の手がかりとしてアイコンや記号を加えたりする。（ウェブ上には，マインドマップのやり方に関する多くの文章やビデオのサイトがある。）もちろん，概念マップにも，色やイメージを加えることができる。

　概念マップとマインドマップは，多くの異なる種類の作図法があるなかの，ほんの2つにすぎない。あまり知られてはいないものに，コンセプト・サークル・ダイアグラムがある。これは概念，トピック，カテゴリー，原理や数式さえも，その複雑な関連を説明することができる。[*139] ベン図は，最も一般的に使用

3　概念マップ法において，概念の連想が進んでいくと，異なる上位概念に属する下位概念の間につながりが見いだされていくようになる。このような形で概念どうしの間に結ばれた線のことをクロス・リンクとよぶ。これは，創造性の高さの指標としてもみなされる。

されるコンセプト・サークル・ダイアグラムである。いくつかのガイドライン
が適用される。[204]図式における円の大きさには，それらの相対的な重要さ，観察
や事例の数，変数の値や一般性のレベルが反映されるべきである。2つやそれ
以上の円の重なりの程度は，概念が共有する観察や事例の割合を示すべきであ
る。概念は，完全に分離していることもあるし，部分的に重なっていたり，完
全に重なっていることもある。もしくは，1つの概念が1つやそれ以上の概念
を完全に包含することもある。[204]

　学生たちは，概念間の関係性以上のものを描くことができる。単純な円を用
いてサイクルを説明したり，また，より精緻な流れ図や図式を用いて一連の出
来事や操作，または時間を通した因果過程のプロセスを表現することができる。
さらに，他の視覚ツールのタイプとしては，記憶や知識の表（matrix）があげ
られる。これは異なるタイプ，種類，概念のカテゴリー，人物，理論，原理，出
来事，現象，方程式や物に焦点を当てて学ぶとき，とくに，それらの間の差異
に対して焦点を当てて学んでほしいときに有益である。左端の列に重要なカテ
ゴリーを，そして一番上の行には対比の次元を記した空白の表を，学生たちに
与える。学生たちは読みながら，または読み終えたときに空白のセルを埋める
ことができる。[8]

重要な活動としての読む，見る，聞くことの自己調整

　ほとんどの大学レベルのコースで学生たちは，読み物，ビデオや音声教材によ
って，新規の内容に初めてふれることになる。われわれ教員は，基礎的な専門
知識を伝達するために，たいていそういった方法に頼っている。おそらく，学
生たちが成人期を通してずっと学習を進めていくためには，ほとんどそういっ
た方法に頼ることになるだろう。最初から強力な読み手の学生はまだほとんど
おらず，学生たちの見たり聞いたりするスキルの質は，それよりよい場合もあ
り，そうでない場合もある。そのため，学生たちを，自己調整によって知識を
活用できる人間に変えること――自分の理解と記憶の保持を正確に評価して改
善することができる人間となるようにすること――は，学習の内容を教えるこ
とと同じくらい重要であろう。

第4章
実際の講義における自己調整学習

　過去数十年にわたり，講義は効果がなく，学生にとって受動的な教授法として悪評を受けてきた。しかし，それでも講義することはいまだに一般的であり，それなりの目的もある。講義がエネルギーに満ち，論理的に構成され，短い活動を挟むことでリズムが生まれるような工夫があれば，学生の関心を引くことができ，講義中に学生は集中，分析し，あるいは得たばかりの新しい内容を展開させることができる。[*139] 講義が不評を買う理由は，おそらく学生の多くが自己調整スキルの質が低いことによるものだ。講義を聞くということは，書籍の1つの章を読むことにかなり似ている。いずれのものから学ぶにしても，教材との相互作用を探りながら，鋭い精神集中，粘り強さ，そして思慮深さを必要とする。さらに，目的をもつこと——たとえば，探すべき点や答えるべき問いなど——は聞き手や読み手が集中するのに役立つ。講義中の学生の自己調整学習スキルを高めるようにデザインされた講義内の活動を見てみよう。

講義前の活動——活性化された知識の共有

　活性化された知識の共有は，知識に関する調査に似ているが，授業の初めに行う。まず，学生にその日の授業のテーマに関する質問のリストを配布する。これらの質問には，明確にするべき概念，特定するべき人物あるいは関係，正誤判断と，その意見，解説すべき現象の原因や影響，あるいは解釈するべきデータなどがあるかもしれない。まず，学生はペアになりできるだけ質問に答え，

次につまずいた質問に答えるため他のペアと話し合う。最後にいろいろなペアに解答の説明を求める。この活動は，学生のもともともっていた知識を活性化させ，与えられたテーマのどこから始めればよいかが理解でき，的確に話すことが可能になり，学生の思い違いなどを明らかにできる[49]。自己調整学習を高める手段として，活性化された知識の共有は学生にそのテーマについて知っていることと知らないことに気づかせ，授業で何を聞くべきかを気づかせることができる。

講義内の活動

これらの活動には，講義の途中で学生を能動的にする典型的な手立てが含まれており，学生の授業に対する集中力を回復させたり，概念レベルあるいは応用レベルでの教材の理解を強化させたりすることを意図している。次にあげる活動も自己調整学習スキルを形成するものである。

クリッカーによる質問（コンセプテスト：ConcepTests）

クリッカーによる質問は，コンセプテストとしても知られているが，ここでは，個別応答システム（クリッカー）[1]が教室へ導入される数年前にメーザーによって開発された技法を紹介する[124]。15分から20分の短い講義の最後に，4つないし5つの選択肢からなる多肢選択の項目をスライドで提示する──これは，ここまでの内容を概念的に理解できたかどうかを確認するものが望ましい。次に学生の回答を確認する。メーザーが行ったように，学生の個々の回答に対する自信についても調べたくなるかもしれない。電子的なテクノロジーが必要とは限らない。ラスリー[111]によれば，それぞれの回答にクリッカーでも，異なる色のカードでも，どちらを使おうが，その学習に違いはない。次に1分間，学生に自身の回答について話し合わせ，その後，再度，回答と自信のレベルを調べる。この時点で正解とともに回答の分布をクラス全体に返して共有することができる。学生は仲間と教材を復習する機会をもてるだけでなくその話し合いからテ

1　講義などの受講者が，各自に与えられた小さな端末をクリックすることで，すべての回答を即座に集計して，スクリーンなどに映し出すことができるシステムのこと。

ーマをいかにうまく理解できたかにすぐに気づく。教員は彼らの理解と誤解とその過程について知ることができる。サムフォード大学の心理学を専門とするステファン・チュウ教授は，学生のメタ認知的スキル（metacognitive skills）を育むためにクリッカーによる質問を使用している[110]。すべての手順には約３分，返答にはおそらくさらに１，２分を要するだけである。

　テクノロジーとして，クリッカーは授業中にどこででも使えるモバイルデバイスやレクチャーツールソフトと競合することになった。ソフトウェアの共同開発者のサムソンは，多肢選択による質問を提示し，講義で説明したことを学生がどのぐらい理解しているかを数分ごとに調べるためにそれを活用している[171]。そのソフトウェアはこれらのデータを教員だけが見ることができるグラフに表示することを可能にしている。またレクチャーツールも，いつでも学生が教員に個々に質問を送ることができ，授業中に復習すべき点を知り，明確にすることができる。学生はこのソフトウェアをとても気に入っていると述べている。レクチャーツールを無料でダウンロードし，彼のように授業で使い始めることができる。しかし，学生は学期あるいは通年で多少の使用料を払う必要がある。

レベルに応じた学生の質問

　授業中に学生が匿名で質問ができることに加え，レクチャーツールでは，授業中のディスカッションを補足するために事前と事後のメタ認知に関する質問を普通に行うことができる[172]。たとえば，学生はブルームのタキソノミーによって自分たちが出す質問のレベルを明確にすることが可能だ。授業の途中に質問に答えたあと，学生は質問のレベルを再び確認し，分類後の理論的根拠について話し合うことができる。サムソンらによれば，この活動によって学生は自分たちの質問と学習に気づくことができる[172]。

ペア，少人数グループの活動

　次の５つの活動はすべて，学生に講義の資料について見直しをさせ，認知的な処理を促すものである。講義を中断し，活動を挿入することによって，学生は授業に集中する能力をまたもてるようになる。自己調整活動として，１番目と４番目の活動は学生に自分たちの講義ノートについて評価を求め，できれば

書き改める機会を与えるもので，2番目と3番目の活動は自己テストや検索練習（retrieval practice）を行う機会を与える。思い出せるかどうか自分をテストすることは，授業時間中の自らの集中についてフィードバックをもたらすことにもなる。学生にこれらの活動を責任をもってやらせるためには，数組のペアやグループに作業についての報告をさせる必要がある。最後の活動によって，学生は自身の作業とともに，基準を使って他の人の作業も評価する方法を教わることになる。それによって学生らは，成績をつける基準と実際のモデルにどうやって適用するかをよく理解できるようになる。以下の活動を，教員としての変革を後押しさせるものとなるよう活用し，修正や応用ができる例として考えてほしい。

協力的にノートをとるペア　教員は短い講義を中断し，学生をペアにし，今までとったノートを共有するよう指示する。理想的には価値のある資料を交換し合うべきである。学生らは講義の最も難しい点と思われた箇所を明確にし，自分たちが最も重要と考えた箇所を特定し，おのおのの疑問に答えるために，お互いに質問しあうことができる[95]。

台本をもとにした協同作業　その講義で，重要とされる箇所を説明したら，講義を中断し，ペアを作るよう学生に指示する。1人はノートを見ないで講義の題材を要約し，もう1人はその要約の正確さと完璧さについてフィードバックをする[49]。この時点で教員は，学生が次にすべきことをある程度指導してもよい。その教材によって，学生はその教材が彼らの生活にどのような関連があるのか，前に学んだことと関係があるか，あるいは記憶できることかを手短に話し合うだろう。次の回には，学生はその役割を交替する。

ペアで定期的に自由に思い出し，比較する（バージョン1）　このテクニックの1つのバージョンでは，教員が講義を中断し，思い出せるかぎりの重要なポイントと質問を書き出すよう指示するまで学生はノートをとらずにその講義を聞く。それぞれの重要なポイントの間にはかなりのスペースをあけるよう指示したほうがよい。なぜなら学生はその後ペアを作り自由に思い出したノートを比較することになるからであり，書き残したことはど

んなことでもそのスペースに記入し，相手の質問に答えたりできるからである。[*30]

ペアで定期的に自由に思い出し，比較する（バージョン 2） バージョン 2 がバージョン 1 と異なる点は，教員が中断するまで学生はノートをとっていることである。教員は学生にノートを閉じ，短い講義について最も重要なポイントを 1 つか 2 つ，もしくは 3 つ，質問があればどんなことでも，書くように指示する。この活動は個人別に行うことができるが，ペアやグループで作業している学生はより正確に最も重要なポイントを特定するために助け合い，お互いの質問に答えることができる。

ペア／グループでの模擬試験と採点 1 つ以上の論述による試験を行う前には，講義中に類似した質問をして答えさせることで試験の準備をさせることができる。練習となる質問とともに採点基準（ルーブリック[2]）を与える。学生はペアやグループで取り組み，答えの下書きと概要をまとめる。教員は無作為にいくつかのペアあるいはグループを選び，彼らの答えをクラス内で発表させる。そうすることで，教員も他の学生たちも答えに対する模擬採点の基準を利用することになる。

「クイック・シンク」（Quick-thinks）

　ジョンストンとクーパー[*96]は，個人やペアや少人数のグループで，講義の途中に，すばやく行える，学問領域を横断したいくつかの活動を示す「クイックシンク」という用語を造った。この活動はすべて，学生が質問をしたり考えを訂正したり，お互いから学んだりしながら自分たちの理解度を確認することを支えるものである。それぞれの課題には数分しかかからないが，学生の反応を調べるために，さらに数分かかるとされている。活動後，教員は無作為に個人もしくはグループを選んで参加を確認する必要がある。

2　学習の到達レベルの目安をいくつかの段階に分けて表し，その達成度を判断する評価指標を一覧表にして示すもの。例えば，「英語を活用してコミュニケーションができるようになる」「異文化や考えの異なる他者を受け入れて，思いやりることができる」というのは，「評価規準」に相当する。そして，到達レベルが，A（優）「十分に満足できる」，B（良）「概ね満足できる」，C（可）「努力を要する」のような段階で定義され，それぞれの資質・能力の内実がさらに具体的に説明されることになる。これは，「評価基準」にあたる。

間違いの訂正　教員は主張，短い議論，予測，示唆，相関関係，映像を提示するが，そこには論理，事実，手続き，計算，あるいは関係に関する間違いを含んでおり，学生はできるだけすばやくそれを特定する。学生たちはまた教員の講義や関連した読み物から内容を訂正しなければならない。

文の始めを完全なものにする　教員が定義，例，反例，因果関係，示唆，分類，理論的根拠のような文章の最初の部分を提示し，学生は正確にそれを完成するよう試みる。文章の始めを完成させることは機械的に知識を得るのではなく高度の思考，あるいはふり返りを必要とする。

比較と対比　教員は学生に出来事，歴史的期間，模範，理論，手法，芸術的あるいは文学的な作品，問題あるいは解決など，短い講義において対応する要素間の類似点と相違点を特定するよう指示する。これらの比較と対比は学生に新たな挑戦となるものを提示すべきであり，すでに読み聞いたものをくり返すべきではない。

ステップの並べ替え　不正確に配列された過程，方法，手順，計画，一連の出来事，または，一式のステップなどを提示し，学生はそれぞれの項目を正しく並べ替える。

結論を導く　教員はデータ，事実，出来事を提示し，学生はそれらから1つ以上の論理的な結論を引き出す。学生たちが行う推論は有望な結果や成果となり得る。

アイデアの言い換え　定義，理論，解説，手順，過程あるいは，描写したものを提示し，学生に自分たちのリフレーズ（言い換え）を書くよう指示する。学生たちが書いたものを改善し訂正できるように，教員は，学生をペアにしたり少人数のグループにして仲間からのフィードバックを得られるようにし，あるいは，仲間や教員からフィードバックをもらうため数人の学生にクラス全体に向けて口頭で発表させる。

主張を支持する　教員は結論，観点，推論を提示し，学生は講義，読み物，その他，授業で手早くアクセスできる情報源からこれを支持するものを集める。もちろん，「主張に対する反論」というようなことで，この活動を反転させてもよい。

第4章　実際の講義における自己調整学習

まとめの活動

　学生は講義内容の重要点を再検討せずに教室を出るべきではなく，内容を要約することよりむしろ学生たち自身で内容を再構成させることが最良のアプローチである。不幸にも，教員はしばしば講義の時間が不足していると感じるので，この部分をさっとふれるだけにしてしまう。つまり，学生の学習を犠牲にしてしまっている。いくつかのふり返りの活動は，努力の価値があり，時間を節約するという二重の価値をもっている。その活動は学生が内容を理解し，保持するのに役立つばかりでなく，とくに聴きとり，講義ノートをとること，組織化すること，知識を統合すること，これらの習慣と能力を自己評価することで，自己調整スキルを高めるのにも役立つ。

ペアでの活動

　まとめのノートをとるペア　台本をもとにした協同作業と類似して，この授業のまとめの活動は1人の学生がノートをまとめ，もう1人は間違いを訂正，抜けている部分を記入する。理想的には，それぞれの学生は他の学生から情報を得る必要がある。[49]ペアのメンバーは授業ごとにその役割を交換する。この練習は学生に聴きとりとノートをとるスキルを自己評価させて洗練させることができる。

　ペアレビュー　教員は授業のなかで，テーマのリストを提示し，学生はペアになって，順番に各テーマについてできるだけ多くの情報を思い出す。台本をもとにした協同作業のように学生たちはノートを見ずに自由に思い出す練習をし，必要に応じてお互いの間違いや抜けているところを修正する。この活動によって学生は，思い出す力や聴くスキルを自らテストし，検索練習をする機会を得る。

　多肢選択のテスト問題　ペアあるいは少人数のグループで授業で扱った内容を見直し，最も重要なポイントをいくつか定め，将来受けることになるテストのためにこれらのポイントについて多肢選択の1つ以上の問題を作成する。第3章では同様に，自己調整学習の活動として，課題として与えた読み物，ビデオ，音声教材からテスト問題を学生に作成させることを提案

した。授業内ということで学生がその課題にどれぐらいの時間をかけるのか予測できるように，テスト問題を多肢選択に限定しておきたいと教員は考えるかもしれない。そうでなければ，彼らは記述式の問題をさっさと書き上げて教室を早く出て行ってしまう。

　教員は多肢選択の項目を作るのは楽しいとは思わないかもしれない。しかし，学生は自分の質問を教員に選んでほしいと思うので，教員が求める類いの質問を書くよう動機づけられる。結局，学生たちは自分たちの質問の答えを知っているのだ。しかし，学生は，訓練なしで，完全な，よく構成された多肢選択肢——とりわけ，より高次の思考を見きわめるようなもの——を書くことはできない。先に推奨したように，ブルームや，L. W. アンダーソンとクラスウォール[*6]のタキソノミー[*29]でいう認知操作の様々なレベルを教え，教材の応用，分析，総合，評価が必要な質問をする。いろいろなタイプの項目の例，低いレベルの記憶とより高次の思考，そしてよく書かれたものと構成の悪い選択肢などの例を用意する。論述で用語，正しい選択肢，もっともらしい誤答選択肢についてのガイドラインがある[(たとえば，*78, 91, 139, 145, 193)]。テストとして出題する前に微調整をする必要はあるが，最初から始める必要はない。引っかけ問題，あるいは難しすぎる問題を出題したことによる学生の教員への不満に対応する必要もなくなる。

書く活動

　書くことはたいてい個人的な活動であるが，学生はグループやクラスで一緒に行うこともできる。書くことを求める課題は，自分で生み出したものが残るという特別な利点がある。学生が家へ持ち帰ってあとで見直すことができるし，あるいは，教員が回収して読むことで学生の価値観，態度，解釈，障害となっているもの，心的なつながりを見抜くことができる。

　ミニッツ・ペーパー　クリッカーでの質問に加えて，チュウはミニッツ・ペーパーを用いることを推奨している[*110]。それは学生のメタ認知的スキルを育成するための教室における評価の方法（Classroom Assessment Technique, CAT）として有名なものである。学生のレポートのいくら

かでも回収して読めば，学生たちのメタ認知能力と教材に対する反応を評価することができるだろう。授業を終えるにあたり，講義，ビデオ，デモンストレーション，ゲストによる講義，活動など何でもよいので授業での体験の意味や個人的意義についてふり返りとなるようなテーマについて書かせるとよい。たとえば以下のテーマは学生の学習についての気づき，応用力，感情的反応，学習方略，曖昧な領域そして新しい知識と既有知識のつながりを強めるものである（次項の抜粋[*8, 210, 212]）。これまでの章で説明したように，学生は課された読み物，ビデオ，音声教材についてミニッツ・ペーパーを書くことができるのである。

学生に書かせるべき事項
- 学んだことで最も有益で価値のあること
- 最も驚いた，あるいは，意外であった考え
- どんな考えが頭のなかで際立っているのか
- どのような感情的な反応をしているか
- 自らの理解に何が役立ち，何が妨げとなったか
- 最も困惑する点，またなぜ困惑するのか
- どんな考えが直ちに実行に移せるか，また移すべきか
- 重要な内容を高校生が相手ならどう言い換えられるか
- 既有知識，信念，価値観と教材がどのように結びつき，あるいは矛盾するか
- 他の授業で得た知識とどうつながるのか
- 知識の既存の枠組みにいかに適合するか[*131]

RSQC2 RSQC2とは，再生（Recall），要約（Summarize），質問（Question），関連づけ（Connect），コメント（Comment）を意味する。授業終了時のCATとして，学生は意義ある点を思い出し，最も重要な点を1文で要約し，問題を明確に述べ，これらの点を授業の目標や成果（それがよければ前の教材）と関連づけ，そして学習の価値について意見を述べる[*8]。ミニッツ・ペーパーと同じように，この活動は，学生が整理したこと，しなかったこ

と，いかに新しい内容が授業と結びついているか，そして自分たちにとってどんな価値があるかを以前より意識させるようにする。さらに，学生は自らの検索について評価し，実践練習する機会をもつことになる。[125]

アクティブ・リスニング・チェック　学期初めの通常授業の最初に，学生に評価には反映しないが，講義の最後に重要な点を書き出し，提出するように求めるので，授業の重要な点を注意深く聴くよう学生に伝える。（また，学生はノートをとる必要がある。）授業の最後に，3つの重要なポイントを記録するよう求める。次の授業の初めに教員はその3つを重要なポイントとした意図を明らかにする。この活動をさらに数回くり返す。この技法の考案者でもあるラベット[119]は，当初3つの重要点を正しく特定したのは，45％だけの学生だったが，3回目には75％に増加したと報告している。この活動はノートに対する学生たちの現在のスキルを確認し評価させることによって能動的な学習とノートを上手にとるスキルを効果的に高めている。学生はこのスキルを高める方法を習得するのに，たいてい2，3回くり返す必要がある。

学生が創る視覚教材

　第3章の「視覚的学習ツール」の節では，ここでもあてはまる原理，ガイドライン，学習上のメリットについて論じた。講義の内容は，まさに読み物やコースの構成と同じように視覚的に表現されうる。しかし，学生に自分たちの絵を描くよう指示する前に，2，3の例を示し，異なるタイプの作り方を教えるとよい（第3章参照）。余分にかかる時間は無駄にはならない。学生が自分の視覚表現を開発するとき自己調整学習スキルを高め，深い構造で教材を情報処理せずにはいられないからだ。学生は理解しながら教材をつくることに取り組み，その構成が明らかになるにつれて内容を分析すると同時に自分たちの思考を観察し，モニターし，評価する必要がある。最終的に学生たちは具体的な形で構造を表現する方法を理解しなければならない。学生たちには，そうした深い認知的な処理に熱心に取り組んでもらいたい。

　個人／ペア／グループによる可視化　授業の終わりに個人で，ペアで，ある

いは少人数のグループで作業しながら学生はその日の講義の理解についての概念マップ，マインドマップ，グラフィックオーガナイザー，図式，流れ図を作成する。教員はまた，それらを読み物，以前の講義，授業内の活動から視覚教材へまとめることができる。マガイア，ゴスリン，マモ，ホームズ，ヒュスマン，ラザフォードはこれらの視覚教材をアウトライン[*130]と他の言語使用ツールとともに「組織化方略」とよぶ。これらの研究者たちがすすめるのは，教員が，個別あるいはグループに，与えられた教材を整理するために使いたい方略のタイプを選ばせることだ。最後に学生たちはその目的のためにそれがどんなに役立つかを評価する必要がある。

　少人数のクラスを担当していないのであれば，作業のすべての部分を評価し，フィードバックすることはできないだろう。もしこれらの図や作り手の解説や評価を入念に調べると，教員にとって，自分の学生の理解や教材の構成に関して新たな視界が開けることになる。あるいは教員は最初の2，3の講義内容を自分自身で可視化し，見本としてクラスに見せたいと思うかもしれない。ラベットの研究を思い出してほしい。[*119]アクティブ・リスニング・チェックで3つの最も重要なポイントをいかに学生らと共有し，彼女が意図したポイントを覚えておくよう伝えていたか。同様の方略で学生は講義の図示をくり返して，それを改善していくことが求められる。

記憶あるいは知識の表　教員はこの視覚教材のための構造を提供する。教員は個々の学生あるいはグループに，左端の縦列の最上行から順に下へ，選択したカテゴリーを入れた二次元の表を与える。その素材はその日に授業で行ったことを反映する必要がある。学生は，できればノートを参考にせずに，正しい情報，概念，原理，名称など[*8]を用いて，空欄を埋める。たとえば，左端の列には異なる教育哲学を入れ，最上列には，当面の問題と関連のある説明的なカテゴリーを表示する。たとえば，「主な研究者」，「学習に関する仮説」，「推奨する教室環境」，もしくは，「推奨する教授方略」などである。教室を出る前に，学生はお互いに，そしてできたら教員からも自分たちの表の正確さについてフィードバックを受けとる。この活動は，学生に自己テストや検索練習をする機会を与えることに加え，様々な理論，方法，現象，展望などに関して重要な比較と対比を特定して記憶するのに

役立つ。

講義は救われるのか？

　研究はまだ終わっていないが，これらの自己調整学習の活動に取り組ませる授業が，講義の理解と保持に及ぼす効果の研究は，非常に興味深いものである。適切にラッパー（wrappers）と組み合わせることで，非常にすぐれた教授法として，すばらしい講義という名誉を取り戻すこともできるだろう。

第5章
メタ課題による自己調整学習

　学生が与えられた課題にどれだけの精神的な努力を注ぎ込むかには，多くの要因が影響する。なかでも，その課題に学生が感じる価値（value）は間違いなく，それらの要因の1つである。彼らは課題をある程度価値あるものととらえており，自分たちがよい成績をとったり，仕事を得たり，キャリアで成功を収めたり，自分たちにとって重要なことを身につけるのに役立つものだと信じている。これらの場合，学生はよい成果をあげようと懸命に努力する。しかし，もし時間を費やすだけの価値もなく，意味のない，雑用や時間つぶしにすぎないと捨ててしまったら，努力することはないだろう。

　自己調整学習スキルを育成するメタ課題（meta-assignments）を学生たちに課すことは，通常の課題についての価値を高める。メタ課題は学生が通常の課題の学習価値を理解するのを助け，認知，感情，行動上の影響を増すよう設計することが可能である。しばしば，これらのラッパー（wrappers）は学生が自分の思考や感覚を洞察し，そうしなければ得られなかったことに気づかせることを可能にする。さらに，メタ課題は学生がコース（学期内の授業）の教材をよりよく学び，その結果よい成績をとるのに役立つ。学生は，最初はこのことを信じないかもしれないが，利点を経験するとわかるようになるだろう。たとえばパーキンスは[153]，地質学の授業で学期を通してメタ課題を学生に課したが，余分な作業であると学生から苦情がくることはいっさいなかった。

　ここでレビューされるメタ課題はすべて使われ，効果的だとわかったものである。それらは与える課題のタイプによって分類される。たとえば，数学に基

づいた問題，事例研究や PBL（problem-based learning）[1] に取り組む際に提示されるものなどの真正で「曖昧な」問題，体験学習の諸形態（サービス・ラーニング，フィールドワーク，インターンシップ，シミュレーション，ロールプレイ），研究論文とプロジェクト，コースレベルでの学生のポートフォリオがある。

数学に基づいた問題

　正答が１つしかない，ある程度の数学を必要とする問題から始めよう。これらの問題は学士課程の数学，統計学，経済学，財政学，会計学，物理学，化学のコースで典型的なものだ。多くの学生がこのタイプの問題を苦手とするにはいろいろな理由がある。彼らはこういった問題を分類し，取り組む方法を知らないのかもしれず，解こうともしないのだ。学生たちはスタートからつまずくので問題を解いている最中で途方にくれ，あるいは方略の誤りや不注意，計算間違いのせいで誤答にいたってしまうのかもしれない。われわれの典型的な反応は，その学生の誤った解答を，ただ間違いとして採点し，わずかな解説しか書かず，おそらく関連した章を復習するように学生に指示するというものである。そうすることで，学生と同じように重要なことを取り逃してしまう。この経験はいかに失敗したかを学生に教えるが，その特定の問題や問題のタイプを正しく解く方法を教えることはない。さらに悪いことに，われわれが実際に気づかっているのは彼らの解答に点数をつけることであり，問題を正しく解く方法を学生が学ぶことではないということを意味している。

　もし教員が自己調整学習者を育てたいのなら，学生の間違いを学習の機会に変える必要がある。ジマーマンら[223]は学生たちが問題を解こうとする前に，問題を解く能力についての自信を評価すること，また，解いたあとに自分たちの自信を再評価することをすすめている（ラベット[119]も同じように，問題を解く前後に「どのように速く，容易く」問題が解けるかを学生に判断させるよう助言している）。過度に楽観的な確信をもって問題に没頭し，そのあと，まもなく，解答

1　「問題に基づく学習」のことであるが，学習者が主体となって問題を発見し，問題解決のための様々な試みを進めるなかで，知識や経験を深めていく学習方法のこと。

に行き詰まったり，疑いをもったりする傾向にある学生は自分の間違いのパターンに気づく。ジマーマンと彼のチームはまた，最後までたどりつけなかったり，間違えたりした，すべての問題解答の誤答分析を学生に書かせることをすすめている。言い換えると，学生は正答を出せなかった理由を特定する必要がある。そうすれば，その問題やそれに似た問題をうまく解くにちがいない。このフォローアップの課題があれば，学生は他のタイプの問題へ移る前にまず与えられたタイプの問題の解き方を学ぶ。

　ジマーマンらは，ニューヨーク市立工業大学での研究対象であった数学補習コースおよび数学入門コースの介入群の一部に，小テストや試験を含んだ2つの自己省察を促す活動を設計している。このため，次の章では小テストや試験による自己調整学習に焦点を当て，これらの活動について再度述べることにしたい。とにかく，それらは宿題の問題のための優れたメタ課題としても役立つ。

　これらの技法を授業中に実践するために，問題を読んだ後すぐに，そして，解けたと思った後や解くのをあきらめた後で再び自分の自信のレベルについてメモを書き留めるよう学生に求めるとよい。これらのメモ書きは宿題における問題解決やクラスでの問題解決セッションの間に行う必要がある。学生に宿題として間違えたものに似た問題の誤答分析とその解決法を書かせることができる。これら両方の活動をやるには，教員やクラスメートが1対1の助けやフィードバックを得られる授業中がよい。いずれにせよ，もとの問題を解くことができなかった学生のために似たような問題を準備しなければならない。それで，学生は宿題として次の問題群を解くよい準備となるはずである。

　述べておくべき最後の活動は，課題というより，むしろ，授業中の活動であり，それによって学生は課された問題を最後までやり遂げる準備ができる。とりわけ，発話思考（Think Aloud）は学生が正しい解答方法を得ることに役立ち，スタートで間違えたり，行き詰まることを避けることができる。授業内の活動で学生がペアになって宿題の問題を解き始めるときが最もよいタイミングだ。1人が問題解決のプロセスを話し，もう1人は自分の方略を記録し，必要に応じて手引きする。それから役割を交換し，次の問題を解く。あとで自分で残りの

2　発話思考法ともいい，認知心理学における問題解決研究の方法論の1つである。問題解決の際に，意識に浮かんだことをそのまますべて口頭で話してもらうという手続きをとる。内的な認知過程を外に見えるものにして，分析することを意図している。

問題にとりかかるときには，すでに大きな飛躍を遂げており，難解な教科書による授業や教員による解答方法を手本として学ぶことから移行して，自ら原理を適用していけるようになっている。学生たちはすでに問題の取り組み方を知っているのだ。

真正で「曖昧な」問題

「曖昧な」問題は，現実の困難な状況に根差しており，明確な正解を拒むほど複雑だ。多様な解決方法が存在し，他のものよりよいものがいくつかあるのだろうが，それらはすべて折り合いをつける必要があり——一方の価値を最大化するには，もう一方の価値を減じる必要がある——リスクと不確実性をもたらす。専門家はこのような問題に立ち向かい，解決を試みるが，実行可能で費用対効果の高い新しい解決方法を開発し，他のものを超える1つを選ぶというのに適した，かつ予見できる結論を考案するのは専門的スキルと経験を必要とする。

質の高い事例とPBLは真正で曖昧な問題を提供する。それらによって学生は現実世界にある難題の複雑さを理解し，教員の指導によって専門家がいかにアプローチし，解決策を考案するかを学ぶ機会が与えられる。学習結果は学生が特定の事例や問題を解くというよりむしろ，専門家が行うプロセスを明らかにし，それに従うということである。このスキルを備えれば，初心者が，徒弟や年季明けの職人のレベルとなり，そして，複雑な問題を解ける専門家のレベルへ進むことができる[55]。通常の課題は，問題に対する最良の解決方法を開発，提示，正当化することを求めるものであるが，等しく重要なメタ課題は，解決にいたり，それを最良と判断する過程の歩みを学生が記述することである。この活動によって学生が気づくことは，問題の定義を理論づけること，どの原理，概念がそれにあてはまるか決めること，代わりとなるアプローチや解決方法を発展させること，暗に含まれているものを推定すること，可能性や二律背反を見きわめること，相対的な価値を評価することなどである。学生たちはまた，自分たちが身につけている転移可能なスキルを特定し，他の類似した複雑な問題にも対応することができる。

メタ課題におけるわれわれの関心は自己調整学習を育成することにあるが、それらは**問題解決の記録**[3]とよばれ、教室における評価の方法（Classroom Assessment Technique, CAT）としても役立つ。[*8]このCATがあれば、教員は学生の頭のなかに入り込み、どのように彼らが問題に取り組み、問題解決の過程を理解するかを知ることができる。アンジェロとクロスは、化学や法律のような問題を解くのに構造化された手順に依拠する領域での問題と同様、数学、あるいは、数に関する問題を念頭においてそれを設計した。しかし、この技法はより曖昧で不確実な困難に直面する際に専門家が使用する、あまり構造化されていない問題解決スキルを追求する学生にとっても重要である。

明らかに、学生はこのメタ課題にある程度の時間をかけなければならないが、教員もラッパーと同様に、正規の課題を設定するのに時間をかける必要がある。まず、教員がすぐに使用できるもので、コースに合う適当な事例や問題を見つけなければならない。それらは学生の学習結果を反映したもので、コースの内容と容易に結びつくものでなければならない。無償の事例やPBLの問題を集めるには、以下のウェブサイトが利用できる。

- www.udel.edu/pbl/problems ——物理学、生化学、生物学、化学、刑事裁判
- https://primus.nss.udel.edu/Pbl ——ほとんどすべての学問領域（サイトへの登録が必要）
- http://sciencecases.lib.buffalo.edu/cs ——科学、工学、事例と問題がリンクされている
- www.cse.emory.edu/cases ——科学（サイトへの登録が必要）
- http://www1.umn.edu/ships/modules ——科学
- www.caseitproject.org ——生物、とくに分子生物学
- www.civeng.carleton.ca/ECL ——工学
- www.niee.org/cases ——工学（研究倫理）
- http://ethics.tamu.edu ——土木工学（研究倫理）
- www.stat.ucla.edu/cases ——統計学

---

3 問題解決でとった手順を詳細に記録すること。

- http://library.med.utah.edu/envirodx ——環境医学
- www.cdc.gov/epicasestudies ——疫学と公衆衛生（事例研究の一部が販売されている）
- http://path.upmc.edu/cases ——病理学
- www.allergyadvisor.com/Educational ——アレルギー研究
- http://groups.physics.umn.edu/physed/Research/CRP/on-line Archive/html ——物理学
- http://serc.carleton.edu/sp/library/pogil/examples ——科学

　ビジネス事例はたくさんあるが，無料のものはほとんどない。選択の幅を広げるため教員は自分の学問領域に加えて「事例」や「PBL での問題」を検索したくなるだろう。もちろん，教員は常に自分自身の事例や問題を書くことができるが，まずそれらを書くために推薦されたガイドラインに精通したほうがよ (たとえば，＊139を参照) い。

　さらに，教員は問題解決ステップを発展させるための足場づくり（scaffolding）となるものを学生に与える必要がある。たとえば，専門家はすぐに解決に飛びついたりしない。まず彼らは問題が何であるのかを明らかにし，可能ならば，それを分類する。それから，自分たちの知っていることがその状況と関連があるか，そして実行可能で費用対効果の高い解決方法を追求するために知る必要があることは何かを確認する。教員はもちろん，学生が解くべき問題に似た曖昧な問題への取り組み方や分析の方法を見せて手本にさせるかもしれないし，報告を求める質問のなかに解決の手順を組み入れることも可能である。学生がそのような問題を解く経験をするにつれ，足場を少しずつはずすとよい。

　最後に，教員は学生が提出するメタ課題を研究する必要がある。学生が実際に問題解決過程を考案し，それに従っていたかどうか，どのように彼らは問題を定義しようと努めていたか，どの情報を価値があると考えていたか否か，どのように外部の情報源の質を判断していたか（PBL において），そして可能な解決方法をどのように評価し，順位づけていたかに焦点を当てるとよい。教員のコースの正規の内容を忘れてずっと経ってからでも，学生たちはこのメタ課題で表現した問題解決方略の少なくともいくつかの側面をおそらく思い出し活

第5章　メタ課題による自己調整学習

用するだろう。だから，成績をつけてもつけなくても（第10章参照），教員は学生にその過程について何らかのフィードバックを与える必要がある。

　事例方法と PBL に精通していない人には，いくつかのアドバイスをしておくのがよいだろう。PBL 課題と比べると，事例は教員にとって扱いやすいし，たいてい学生の興味を引きやすい。なぜなら，事例の解決方法はコースの教材だけで足り，外部の調査を必要としないからである。さらに，事例の報告ミーティングはディスカッションの活動，宿題の記述課題，論述試験の励みになるものとして役立つが，一方で，PBL での問題解決には常に授業外の少人数のグループ研究を含み，通常2週間ないしそれ以上の時間を要する。事例はまた非常に柔軟なものである。短いものについて話し合うのは授業時間の10分ほどしかかからないが，長いものは何回かの授業を必要とするだろう。事例は個人，グループ，クラス全体を基準とした活動になりうる。非常に優れた記述式の課題や小論文テストの質問を作成することもできるし，ロールプレイ，シミュレーション，ディベート，また，裁判，シンポジウム，公聴会，役員会議のような模擬設定など，体験をともなうクラス内での活動を導入することもできる。

　PBL での課題を扱うことはもっとやりがいがある。それはより多くの落とし穴があるし，無秩序にもなりうるし，しばしば授業についての苦情も引き起こす。学生たちは問題解決，研究を行うこと，コミュニケーションをとること，批判的に考えることの重要なスキルを進展させていると思っているかもしれないが，その一方で，より懸命に作業しなければならないこと，ほとんど教員の指導もなく，曖昧で複雑な問題に取り組まなければならないこと，到達すべき評価基準が不明確であることに憤慨する[*61, 115]。したがって，PBL で授業を行うことに経験やトレーニングがないなら，その前にその方法について優秀な教員のガイドを求めるほうがよい[たとえば，*3, 173]。

体験学習

　体験学習は自己調整のための豊富な機会を提供する。この節では，サービス・ラーニング，フィールドワーク，インターンシップ，シミュレーションやロールプレイについて詳しく検討する。

サービス・ラーニング

　1990 年代半ばに開発されたサービス・ラーニングは，その方法の不可欠な部分として意識的，体系的で内省的な作文の先駆けとなった。サービスからの学習結果を確実にするために，教員は学生に自分たちの経験について書き，お互いに話し合わせる十分な機会を与える必要がある。さらにサービス経験とコース全体の学習目標を含め，サービスとコース内容の間の関係を引き出すよう学生に指導しなければならない。[*10]もちろん，プロジェクトはコースの教材を補足するもので，学習していることを生かす機会を学生に与える必要がある。多くのプロジェクトは学生に個人的な影響を与えるので，教員は体験の主観的な意義を探る追加の質問を提示するだろう——それは，価値観や態度の変容，世界に関する信念，サービスの対象となった人々についての認識，主題についての興味，自己概念，自己効力感（self-efficacy），職業志望（career aspirations），市民としての責任感，そして，さらに貢献したいという意思を促すものである。

　内省的作文（reflective writing）をどのぐらいの頻度で行うかは教員しだいである。最も一般的には教員は学生に日誌をつけさせ，それぞれのサービスに関するエピソードのあとで記載事項を追加させる。または，学生に通常のスケジュールを書かせる。[*195]また，サービス前の内省を要求する場合もあるが，そこで学生は期待と関心を記し，サービス後の内省で誤解を訂正し，何を学習したかについて考える。しかし，この 2 つの内省は，サービス体験が簡潔で学生が集中していたときのみ意味がある。

　教員は自分のコースに組み入れる前にサービス・ラーニングについて入念に研究する必要がある。少なくとも数年サービス・ラーニングを取り入れて教えている同僚と話すこと，そして，多くの本がサービス・ラーニングを推奨する内容であるが，あえてそうでない本を読むこと。最新の内容ではないが，エイラーとジャイルズの[*67] "*Where's the learning in service-learning?*（**サービス・ラーニングのどこに学びがあるのか？）**" は研究に基づいていて，かなりバランスがとれている。この方法は，うまくいけば効果的な学習体験を提供するが，それは教員の時間と学生の授業外の時間を多く要する可能性がある。たとえば，教員は適切なクライアントとなる組織・機関を見つけ，そのスタッフと信頼関係を確立し，また，学生が実際にサービスができるように，学生へのフィードバ

ックや課題を考える必要があるし，おそらく交通手段や保険といったことの調整も必要になるだろう。学生が学期中に仕上げられず，作業をやりかけのままやめてしまうことに，クライアントは落胆することがあるので，学生ができることを過剰に見積もらないように注意すべきだ。さらに，この方法は政治的及び社会的価値と同様，権限の不公平に関して対立が生じることがある。

フィールドワーク

T. ブラウンとローズ[*39]は，自らの教職経験を引き合いに出しながら，学生が自分のフィールドでの経験を分析するために用いることができ，また，コースの内容と経験とを統合するためのシンプルな枠組みを提案している。研究者によると，それは学生が科学的な思考に対する自信を得るのにも役立つ。この自己調整方略を実行するために，まずすべての学生に必ずフィールドノートを持たせること，そして，そのなかにフィールド観察，データ収集と分析を記すこと，講義について，そしてディスカッションについて記述するよう指導するとよい。そして，学生にブルームの認知操作のタキソノミーを詳しく教え，質問やその他の課題を，知識，理解，応用，分析，統合，評価あるいは，それを総合したものとして，分類する練習をさせる。新しい記述をしたノートをその日のうちに読み返し，認知操作によってその部分にラベルを貼らせるようにする。以前の授業科目で学習したことが次に続く学習の認知レベルを大きく左右するので，この実践によって，教材を適時に復習できるだけでなく，学生らの観察やデータ分析が，読み物や教室から学んだことと結びつくこととなる。さらに，フィールドワークによって学生は学習の過程でのいろいろな段階で実行する思考のレベルに気づくことになる。

インターンシップ

サスキー[*193]が開発したこのメタ課題では，学生は特定の自己調整学習行動の実践を，インターン中にモニターし，インターンシップ期間のいつ，どこでこれらの行動に従事したかを明らかにする実質的なレポート（1500 語程度）で，この経験をまとめる。そのような行動には，課題に関して自分自身の目標を設定すること，これらの目標に向かう進歩を定期的にモニターすること，他の人に

フィードバックを求めたり与えたりすること，いろいろな課題に取り組むにあたって自分の強さや弱さを見きわめること，作業の質や成果を評価することが含まれる。また，教員は，学生がその体験にどれだけの価値を付与しているか，ある課題や状況をいかにやりがいのあるものととらえているか，インターンシップの学習価値をいかに強めているか，インターンシップを始める人に対してどんな助言をするか，などの内省的な質問を加えてもよい。[*193をもとに改変]

シミュレーションとロールプレイ

　通例，シミュレーションやロールプレイのあとに行われる報告ミーティングのセッションは，サービス・ラーニングから学んだ結果を確かなものにする内省的作文に匹敵する。どちらの活動も，学生は体験，とくに目標，判断，行動，行動の結果，感情的な反応そして途中で経験する変化をしっかりとふり返ることになる。サービス・ラーニングには，現実の体験や，シミュレーションとロールプレイを実質的なものとする力があるが，シミュレーションとロールプレイは，本物のダイナミックスをほんのわずかな時間に凝縮してしまうので，同様に刺激的で有益でもある。

　シミュレーションやロールプレイを始める前に教員は，学生に学習の目的を説明する必要がある。つまり，それがいかにコースの教材と適合しているか，いかにそれが学生の学習結果の1つ以上を完全なものにするか，仮に評価するとして，どのように教員が学生の成果を評価するつもりか，などである。また教員は学生に前もって報告会についての質問を与えておく必要がある。というのは，それによって彼らは体験しながら成果や学習をどのようにモニターし，評価する必要があるのかを知ることができるだろう。自己調整学習を奨励し，学生に体験を最大限に利用させる質問の例は次のようなものである。

- 自分の役割を考慮して，どのように自分の目標を定義したか？
- 目標を達成するための初めの方略は何だったのか？
- どの時点で自分の方略がうまく作用しているとわかったか？
- どの時点で自分の方略が十分でないとわかったか？
- 目標やそれに達するための方略を修正あるいは変更したことがあるとすれ

ば，それはいつだったか？　修正や変更を行った理由と方法は？
- 目標に向かって取り組むうえで重要な決定と行動は何だったか？　うまくいかなかったとして，どちらが期待したほどはうまくいかなかったか？
- 他のキャラクター／プレーヤーの行動にどう反応したか？
- その体験中に他のキャラクター／プレーヤーに対する自分の感情はどう変わったか？
- 自分がこのコースや他のコースで学んだどんな原理や概念がこの体験中に例証されたと思ったか？
- 自分の仕事ぶりを全体としてどう評価するか？　どんなにうまく自分の目標（初期のもの，修正したもの）を達成したか？　自分の方略（初期のもの，修正したもの）はどんな効果があったか？

　サービス・ラーニングと同様，授業の半分以上を使う実質的なシミュレーションあるいはロールプレイにおいても，クラスでのディスカッションでは社会的に，内省的な論文では個人的に，学生に事後報告させる価値がある。もしこの活動をいくつかのセッションにわたって展開するなら，報告ミーティングは最後だけでなくセッションの間にも行うことが可能であり，また，そうすべきである。

研究論文とプロジェクト

　少数の学者は研究論文とプロジェクトに関するメタ課題に手がかりを与えている。こういった手がかりの質問はすべて，学生が自分たちが関与するプロセスやその間に発達させていくスキルを観察し，評価するために役立つ。質問の一部は，ほぼすべての研究論文とプロジェクトを補って完全なものにするものであるが，ほとんどの質問は課題の種類や学習成果に合わせて作り変えられる。

　たとえば，研究論文やプロジェクトを指導するとき，教員は学生に研究プロセスを書かせたいと思うかもしれない。どこで彼らは情報源を探したか，いかにそれらを選んだか，情報源について何を学んだか，その間，誰が彼らを助けたか，そして，イライラを感じさせたものは何か。教員はまた，どんな発見が[131]

彼らを驚かせたか，頭のなかで際立ったものは何だったかを尋ねるだろう。そのようなメタ課題は学生が研究論文を購入したり，誰か他の人のものを借用したりする可能性を減らすだろう。

　教員は学生が課題をやりながら，問題をどのように解くのかに焦点を当てさせることに関心をもつだろう。その場合，課題をやり遂げるためにとった手順，遭遇した問題，いかにこれらの問題を乗り切ったか，どんな方略がうまくいったか，あるいは，うまくいかなかったか，そして，どんな具体的なフィードバックを望んだのかなど，そういった事柄について学生に省察をさせてもよい。[*48,121]

　学生のために教員が設定する自己調整学習に関する別の目標は，学生が課題をしながら手に入れたり，向上させたりするスキルに注目させることだ。彼らにスキルを特定させる以上に，教員は学生がそのような学習を再び必要とするかもしれない将来のこと，課題をやっていたときにもちたいと願ったスキル，課題を完成させるために実行したプロセス，次回に行うであろうプロセスに対する修正などについて省察するよう求めることができる。[*93]

　あるいは，教員は学生に自分たちの取り組みを評価する能力などの重要な自己調整学習スキルを磨かせたいと思うかもしれない。この場合，教員は学生らに仕事ぶりや成果を批判的に評価させることができる。教員が与えたルーブリック（rubric）を使い，学生は自分たちの取り組みにどのような成績評価を与えるだろうか，また，その理由は？　その取り組みの強さと弱さは何だろう？　その課題に彼らはどのような目標をもったか，そしてどのようにうまくその目標に達したか？　教員のどのようなフィードバックを期待するか？　将来の類似した課題で彼らはそれとは違ったどんなことをするだろうか？

　以下のようなテーマへ学生の省察を方向づけることによって，教員は学生の自己評価の対象を取り組みから学生自身に向け変えることができる。その課題がいかに自分のためになるか？　それをしつつ自分自身について学んだこと，その結果としていかに成長し，進歩したか，どんなリスクを引き受けたか，その課題の完成において最も重要な成果は何であったと考えるか，そしてプロセスのどの部分が最も楽しむことができ，やりがいがあったか？[*48,162,193]　もし自分の専攻を明らかにしている大学生を教えているなら，専攻する領域の職業ないし学

74

業という面での成長についての質問を付け加えてもよい。たとえば，優秀な科学者（歴史家，作家，エンジニアなど）になるには何が必要だと信じているか，そしてそれになるために何をしているか，この科目のためにさらに何を学びたいか，関連するどんな領域の知識やスキルを習得したいか，そしてこの課題で学んだことが以前からもっている知識やその領域でとった他の授業科目といかにつながるか，などである[131]。

　しかし，教員が学生に取り組みを見直すことを要求しているとしたら，また別の自己調整学習のきっかけを与えるとよい。見直し始める前に，その見直しの目標と方略を書き出させたほうがよい[48,121]。以前の草稿に使ったものから次のこの草稿を書くためにいかに方略を変えるか？　試みようとする新しい方略は何か？　その成功をどのように評価するか？　教員の（そして，できるなら，仲間からの）フィードバックに対して研究論文においてどのような変更を計画しようとするか？　そうした変更がこのフィードバックに対して適切だと，いかに学生は知るか？

　教員が学生に取り組みを見直させ再提出させようとしていようが，そしてその課題が資する学習の目的が何であろうと，学生が理解するにつれて教員からのフィードバックを言い換えて書くように求めることを考えたほうがよい。非常によくあることとして，学生はフィードバックにほとんど注意を払うこともないし，理解もしない。その場合，学生はフィードバックを無視する[59,82]。さらに，自己調整スキルが最も弱い学生は自分の遂行を改善するためにフィードバックをほとんど使おうとしない[82]——ただどうしたらよいか，わからないと認めている者もいる[59,190]——が一方で最も強いスキルをもつ者はフィードバックを使う可能性が最も高く，結果として学業での成功を楽しむ[137]。すべてのフィードバックを読み，解釈するうえで必要となる一部の学生の努力の量を，教員は正当に評価していないかもしれない。自己調整の低い学生にとっては，課題は，とりわけ，気持ちの面で脅威となる。なぜなら，そうした学生は，教員の批評を否定的に，おそらく悪意にさえ受け取りがちだからである。残念ながら，学生は自分たちが理解していないことを明らかにしてほしいとはめったに言ってこないので，教員によるフィードバックは空回りしてしまう。

　教員のフィードバックにどんな意味があるかについて考えていることを説明

するように学生に求めるメタ課題は，これらの障害を乗り越え複合的な利益を手にし得るものである。まず，学生は教員のコメントを読み，意味を理解する努力をするはずである。次に，学生は自分だけでは理解できないことを明白にするように教員に求めるようになる。第3に，最もフィードバックを必要とし，それに最も抵抗する学生は，少なくとも教員のフィードバックの一部を得て，うまくいけば自己調整学習スキルを発達させるのに役立てるだろう。最後に，教員は学生たちがフィードバックをどう解釈しているのかを理解し，誤解を明確にする機会を得る。教員はコメントのなかで使用する言葉，省略，記号，語調などの修正を決めることさえできるだろう。いったん学生がフィードバックを正確に理解すれば，教員はこのフィードバックの結果に論理的なフォローアップの問題を提示することができる。それは，学生がそこから何を学んだかということや，復習や次の似たような課題，あるいは今後のすべての取り組みにおいて，別のやり方でどのようにするつもりかといったことである。

　最後の種類の手がかりは，ほとんどすべての学生が思慮深く反応するよう動機づけるもので，研究論文とプロジェクトについて次のクラス（の人たち）への手紙という形をとるものである。課題に取り組むためにどう準備するか，どんな方略をとるべきか，避けるべき誤りは何か，課題はどのような価値をもっているかなどである。^{（＊120をもとに改変）}そのような活動を行っている間に，学生は計画や作業方略，開発したスキル，課題を行ったことで得た学習成果などを評価する。ぜひ，このようなアドバイスを次のクラスにも伝えるとよい。学生はお互いに学んだ教訓に注意を払い，小さな努力でよりよい成果を生み出すだろう。

学生のポートフォリオ

　学生のポートフォリオというのは，内省的な記録をともなう学生の取り組みを集めたものである。それは紙でも電子的な形式（eポートフォリオ）でもよく，ここでの目的においては，この違いは問題にならない。プログラム評価によく使われ，われわれは教員が管理するコースでの使用を調査している。教員は3種類のポートフォリオから選ぶことができる。最初の2種類は，より学習過程に焦点を当てており，3つ目は学習成果に焦点を当てたものである。

授業者として，教員はポートフォリオの意義と学生が集めるときに使うべき規準（criteria）を決定する。もしポートフォリオの意義が向上，進歩，成長を証明することであるなら，そこには授業科目で学生が完遂したすべての取り組みを含めることが可能である。あるいは，ポートフォリオは，1つ以上の主な取り組みの履歴を記録してもよい——ノート，概念マップ，概要にはじまり，初期の草案と仲間と授業者のフィードバック，そして，取り組みの最終的な見直しにいたるまでの履歴である。あるいは，ポートフォリオの意義が学生のある特定のレベルでのスキルと能力の熟達を証明することであるなら，ポートフォリオにはいくつかの取り組み，とくに，最もよい取り組みが含まれているだろう。[193, 226, 227]異なる3つのすべてのポートフォリオが学生の学習へのアプローチを深める。[93]

　学生の内省的な論評はポートフォリオの意義を補足する。もし向上を見せることが目的ならば，学生は同様のスキルを要する一連の取り組みについての比較に基づく分析を書くべきである。たとえば，批判的な思考，記述されたコミュニケーション，数量的推理，問題解決あるいは倫理的判断などである。特定の文章や取り組みの様々な部分を引用しながら，学生は後の取り組みが初期のものよりも高い能力を示すもっともらしい実例について詳しく説明すべきである。学生はいろいろなコースの課題から学んだすべてのことを統合するのに役立てるべくポートフォリオの全体としての評価的分析で締めくくるべきである。[227]この種のポートフォリオを集めることは学生に多くの自己調整学習スキルを実践させる。遂行を向上させようとくり返し試みることで，学生は，それぞれ断片的な取り組みのように思われるものも含めて，目標となるスキルのより深くより具体的に理解することができる。さらには，一連の取り組みのそれぞれに対して目標を立てて，それらの目標や以前の取り組みに照らして現在の取り組みについて評価することを学生たちは学ぶ。この継続的な自己評価プロセスを通して，取り組みごとの進歩，努力の見返り，そして学習についての管理などがわかる。学生たちはまたコースで学んだすべての内容とスキルの意識を高める。

　もしポートフォリオが1つ以上の実質的な取り組みの進展を追跡するなら，学生の解説で，段階を通して目標がいかに進歩したか，そして各段階が初期の取り組みのあり方をいかに精緻なものとし，修正し，洗練させたかを説明するべき

だ。フィードバックに応じて複数の草稿を準備する過程で，学生は以前のポートフォリオと同じ自己調整学習効果の多くを生み出す。すなわち，目標となるスキル，目標設定における実践，再考を通した自己評価，学習と向上についての明白な考え方，そして自分自身の進歩への責任感などである。しかし，このタイプのポートフォリオは取り組みの初期の発達段階のものを含むので，学生は質の高い取り組みが十分な成果をあげる過程に含まれているものを知り，基礎を築く方法を学び，徹底的に優れたものを構築する。もちろん，この豊かな学習の成果を得るには，授業者は，すべての段階を通して前進し，最終的な成果が最も筋の通ったものとなるよう学生に求める必要がある。

　最後に，もしそのポートフォリオの目的が達成を文書化することなら，学生は目標のスキルと能力の望ましいレベルを明かす１つ以上の成果物を選択し，それらがいかに規準を満たしているか説明する必要がある。課題を完成させるためには，学生は他のタイプのポートフォリオが求めていない自己調整スキルにおける能力を開発しなければならない。たとえば，彼らは目標となるスキルや能力ばかりでなく，成果物が到達するべき基準も理解しなければならない。そこからのみ学生らはアーカイブのなかにある様々な個々の取り組みを評価し，特定の結果を達成する証拠として含むべき項目を決定することができる。正当化された証拠はポートフォリオの不可欠な部分を構成することになる。

　もちろん，教員は自己調整学習の価値を増やすためこれらのポートフォリオに個人的な手がかりを加えることができる。たとえば，ポートフォリオに取り組むなかで，自身の資質や学習過程に関して学んだこと，彼らが最も有益だと感じたのはこの過程のどの部分か，最も簡単で最もやりがいがあると感じたのはどの部分か，自身の考えでは，どの項目が最良の取り組みであったか，作り出すのが最も楽しかったのはどの項目か，最もやりがいがあると思ったのはどれか，そして将来のために最も価値があると考えたのはどの項目か。もし学生が明白に自己調整学習方略に精通している場合は，学生たちが最もよく使い慣れたスキルと開発したスキル，以前まったく実践したことがなかったもの，最も難しかったもの，そしてどれが最も価値あるものかを尋ねることもできるだろう。

　この最後のアイデアを，学生がコースで完成したすべての自己調整学習課題

（＊162,193をもとに改変）

第5章　メタ課題による自己調整学習

を構成する別の種類のポートフォリオへ拡大しよう。それを「自己調整学習ポートフォリオ」とよぶとよい。そしてそれはコースデザインにおいて自己調整学習を統合するプロセスの最終段階となる。地質学の教授であるデクスター・パーキンス[*153]は彼のコースすべてで一連のメタ認知的，内省的な小論文を課題とし，学生にポートフォリオをまとめさせている。いくつかの授業で，彼は2週間ごとにポートフォリオを回収し，小論文を続けるよう学生を励まし，コースでポートフォリオが重要な役割を果たすように強化していた。最後の総仕上げの必然的な要素として，最終的な「省察についての省察」があり，それで学生は自己調整学習者になる進展を分析する――これは，優れたアイデアだ。パーキンスはそれを要求していたが，最近はしないことにした。なぜなら彼は学生の他の内省的作文をかなり多く要求しているからだ。（私信.2012年12月8日）第12章では彼がコースを通して自己調整学習の要素をいかに織り込んでいるかを読むことができる。

教育に加えられる価値

　この章において検討したメタ課題は通常の課題に多くの方法で学習価値を与えている。まず，それらは通常の課題が学習の役に立つコースの内容とスキルに対する学生の意識を高める。コースの終了に向けてチェックすべき他の項目のように，その取り組みを終わりにするのでなく，学生は質の高い取り組みを生み出す動機を得て，結果として別の方法よりも実質的に学ぶ。2番目に，メタ課題は学生の自己調整学習スキルを発達させ，それはさらに，より深いレベルで教材を学習することを可能にする（第1章を参照）。3番目に，自己調整学習スキルは学生たち自身で身につけることに価値がある。それらは学生が内容とスキルばかりでなく，学習の方法も学ぶのに役立ち，それは目標設定，戦略立案，自己観察，自己テスト，省察，そして自己評価を含む。最も深いレベルでの学習方法を学ぶことをともなう知的な性格特性も忘れてはならない。つまり，自己規律，動機づけ，忍耐，責任，内省的な誠実さ，オープンマインド性，自省，そして真実と卓越性の追求などである。どのように問題を解き，書く力を高めたか，あるいは現実のある側面の見方をもいかに変えたかを内省させるよう促すことだけで学生の資質を高めることを期待するだけでなく，学生が自

らの心と気持ちの内側をじっくり立ち止まって眺めるよう何度も促せば促すほ
ど，学生たちはますます聡明になり，学習志向性（learning-oriented）を高め
ていくようになるはずである。

第6章
試験と小テストによる自己調整学習

　小テスト（quizzes）や試験（exams）は，学生にとっての学習経験となるようにすべきであり，それらは効果的に行うことができる。しかし，小テストや試験を単なる総括的評価と見なしている限りは，それは実現しないだろう。われわれは，考え方を改めていく必要があるかもしれない。テストや成績評価のシステムはそのままに，総括的評価および形成的評価の両面でそれらをとらえることができる——つまり，成績をつけるためだけでなく，フィードバックと矯正，改善のための機会となる。そしておそらく試験や小テストは，より大きな目的を果たすものととらえるべきであろう——それは，内容の習得状況や関連スキルをテストするだけではなく，学生が自身の学習方略やテスト準備方略の効果を測るうえで役立てられる。結局のところ，内容の学び方を学ぶことは，まさに内容を学ぶことと同様に重要であり，より長期的な訓練になることがわかっている。[*69] 学生が用いた方略の効果については，独立して評価する必要はない。なぜならそのような評価は，科目の成績評価に反映されるからである。むしろ，学生が自身の方略を自己評価し，その成果に気になる点があれば，それに応じた改善をしていくことになるだろう。

　前章では，数学の問題を解く典型的な演習を学習経験に転換する2つの方法を提案した。1つ目の方法は，学生が問題を解き始める前に，問題を解く能力に対する自信を述べてもらい，問題を解いたあとに再度自信について評価してもらう。2つ目は，学生が正解できなかった問題ごとの誤答分析を行ってもらい，その問題や類似の問題をうまく解けるようにしていく。1つ目の活動を行

うとすぐに，学生は問題について勉強してから，問題を解くようになる。2つ目の活動を通して，学生は問題を解くための方略を身につける。[223]

　試験と小テストは，成績結果を左右するきわめて重要なものであり，宿題よりも広範囲の内容になるので，これらの経験が最大となるように支援しなければならない。学生には試験に何を出すのかを教えずに，試験で何を評価するのかの予測に役立つような準備活動に参加させるべきである。学生が試験の採点結果を見直したあとに，内容をしっかり把握するだけでなく，なぜ失点したのか，次回の試験はどうすればよりよくなるのかについて明確に理解することが必要である。自己調整学習，メタ認知，評価の文献には，学生が試験前，試験中，試験後に行うことのできる，様々な活動や課題が紹介されている。いくつかの活動や課題は，学生が習得したことや習得できなかったことに，より意識を向けさせる。他には，学生がテスト準備方略を評価し，より効果的な方略へと発展させていくものもある。これらはすべて，学生がはっきりと学習を焦点化できるように支援する[147]ものである。

試験準備のための活動や課題

　準備の技法として真っ先に思いつくのは，学生に模擬試験の機会を与え，苦手な領域を勉強する時間的余裕を持たせて，採点結果を返却することである。ありがたいことに，さらに時間のかからないやり方が利用できる。

学生がテスト問題を作成する

　次回の小テストや試験のために，学生が小グループであれ個人であれ，多肢選択式や他の客観式の問題を作ることは，典型的な多目的活動である。言うまでもなくそれは，学生が学習内容を見直し，何が重要かを決めるように促す。さらに，ブルーム[29]ないしアンダーソンとクラスウォール[6]のタキソノミーに従った認知操作（cognitive operation）によって問題を分類する場合には，それはとくに豊かな自己調整学習の演習にもなる。この活動は，前章で示したように，読みを補うための宿題や，授業の最後の締めくくりの活動として有効である。

　学部の学生であれば，明確によく構成された多肢選択式や他の客観式の問題，

第6章　試験と小テストによる自己調整学習

とりわけ高次の思考を評価する問題を作成するために，多少のトレーニングが必要となる。いくつかの文献にそれに役立つアドバイスが載っていることは述べてきた。さらに，教員が用意した問題を，ブルームないしアンダーソンとクラスウォールのタキソノミーに従って分類する練習を学生に提供すべきであるということも述べた。ひとたび学生がタキソノミーに詳しくなれば，たとえば分析や評価のように，どんな種類の問題であっても，問題を作成するように要求できる。学生は，最初は優れた問題を提出してこないかもしれないので，教員は学生たちの問題を編集しなければならないだろう。しかし，くり返し言わせてもらえれば，学生たちはテストに自分の問題が採用されることを望むので，教員がどんな種類の問題を要求しても，よくできた問題を間違いなく提出しようとがんばるだろう。それは自分が作った問題なら，答えを知っているからである。加えて，彼らは難解な問題やひっかけの問題を作ることで，仲間の反感を買いたくはないのである。

学生がレビューシートを作成する

　学生がレビューシートを作成するという活動は，サスキーの，「テストの計画案（blueprint）」とよばれる教員がレビューシートを作成するというアイデアからの援用である。もし，学生が計画案を作成するなら，その課題が自己調整学習の活動となる。それは，次の試験範囲に向けて学生が期間内に習得できたことに注意を向けさせ，様々な方法でその内容を扱う能力を自己テストして評価するように促す。この活動は，学生が個人で終わらせる宿題になる場合もあるが，次の4ステップの最初の3つは，グループでレビューセッションの作業に取り組むために作られている。教員は，グループのアイデアを保存しておき，必要に応じてそれらを訂正すべきである。

1. 学生が主要な内容領域のリストをつくる——ブレーンストーミングの活動。
2. 学生は，それぞれの内容領域の相対的な重要性を，領域ごとの試験の割合として指定する。このステップは，活発な議論を誘発するだろう。
3. それぞれの内容領域のなかで，学生はその内容によって実行あるいは実演ができるようになるべきと考えられることを列挙する。学生には，内的状

態を表す動詞は使わないように助言しよう。たとえば，「知る」「理解する」の代わりとして，「識別する」「同定する」「再生する」「説明する」「適用する」「解決する」「分析する」「比較や対比する」「関係づける」「論じる」「評価する」「創造する」のような能動的な動詞を使うようにする。

4. それから学生は，これらの学習成果を実行するか実演するための準備に入る。時間が許せば，これはレビューセッションの間に開始してしまい，後は引き続きグループ内や学生自身で行うことにしてもよい。

　もちろん，最後に教員は学生に対して，学習成果を実演するための準備をするようにと伝える必要がある。学生は，いくつかの重要な学習成果を忘れているか，識別や再生より上位の認知操作の周辺で問題を抱えているかもしれない。学生がレビューシートを作成する活動についても，教員は学生にブルームのタキソノミー[*29]ないしアンダーソンとクラスウォールのタキソノミー[*6]のどちらかを教えるべきである。教員はまた，異なる認知操作に応じた動詞の一覧を学生に提供することになるだろう。そのようなリストは，ニルソン[*139]や次のサイトに示されている。

- www.teach-nology.com/worksheets/time_savers/bloom/
- www.odu.edu/educ/roverbau/Bloom/blooms_taxonomy.htm
- www.au.af.mil/au/awc/awcgate/edref/bloom.htm
- www.olemiss.edu/cwr/workshops/bloomsverbsmatrix.doc
- www.cwsei.ubc.ca/resources/files/ClickerWorkshopMaterials/Bloom's_Taxonomy's-GREEN.pdf

試験前の知識に関する調査

　知識に関する調査は，コース開始時の自己調整学習の活動として第2章で最初に取り上げた。知識に関する調査はまた，コース終了時にも再び行うことが最も望ましい。それは，学生に習得した新しい内容やスキルのすべてを明らかにしてもらうためである。知識に関する調査は，コースでこれから取り組むか，すでに取り組んだ課題について，質問に答えられるか，課題を成し遂げられる

かの自信を学生に評価してもらうアンケートである。[141, 142, 215]学生は，簡単な順序尺度（たとえば，「とても自信がある」，「少し自信がある」，「わからない」，「まったく自信がない」）を用いて自信を評価する。あるいは，ヴィルトとパーキンスが[214, p.2]開発した，より手の込んだ選択肢（たとえば，「私は質問や課題を理解できない」，「私は専門用語を理解できない」，「私は正解を提示できないと思う」）を用いることもできる。

　ユー，ウェンク，ラドウィグは，[218]知識に関する調査を学生の試験準備に役立つように開発をすることを推奨している。そして，授業者には，同じ内容を範囲とする過去の試験問題から調査用の問題を流用することを提案している。学生は，試験に出題される予定の問題と類似した問題に答えたり課題を実行したりすることで自分の能力を評価する。この調査は，学生に試験の目的をよく理解させ，内容領域やスキル領域について学生らの強みと弱みを明らかにし，焦点を絞った勉強ができるように支援する。この活動はさらに，目標設定や自己テストも促進する。

試験中の活動

　学生は，小テストや試験のなかで問題を解くだけでなく，それぞれの問題に取り組む前やそれを解いた後においても，その問題を解く能力に自信があるかどうかを評価していく。この活動は，ジマーマンらが研究で使用した自己省察[223]活動の１つである。その研究では，学期中に学生の過剰な自信を有意に減らし，自己評価の正確性を向上させたことが示されている。

　自信をテーマとしたさらに手の込んだ研究としては，アイザックソンとワズ[90]が，どんな客観式の問題にも適応できる方略として，試験のなかに知識に関する調査を組み込むことを提案している。この方法が興味深いのは，問題の認知レベルと学生の答えに対する自信が成績に影響を及ぼすというところである。試験の前に，授業者が各問題の認知レベルを，レベルⅠ（知識と理解），レベルⅡ（応用），レベルⅢ（内容，類推，階層の構造）として設定する。試験中には，学生が選んだ解答が正解であることへの自信を評価する。授業者は，問題のレベルと学生の自信の評価に従って，それぞれの解答に重みづけをする。レベル

が高く自信も高ければ，より大きな重み付けがなされる。学生は，高レベルの問題に正解するほど高得点になり，同様に正確にメタ認知的な判断をするほど高得点になる。もし誤答をしてそれに自信がなかった場合は，学生の失点はわずかになる。正答してそれに自信があった場合は，学生が獲得する点数は2倍になる。正確な自己評価には報いるべきであるが，アイザックソンとワズのシステムは学生が正答したときよりも，正確なメタ認知をしたときのほうが点数を多く獲得する。さらに，自己調整学習によって学習が向上していくと考えられるが，アイザックソンとワズは，システムの学習効果に関する情報を提示していない。

試験や小テストの後の活動や課題

1つ目の自己調整学習の活動は，小テストのような成績には大きく影響を与えない評価手法の後に実施するように設計されている。試験後の演習のなかでは小規模なものである。2つ目の活動は，小テストや試験に適している。3つ目の活動は試験に最も有効である。

小テスト後のふり返りと自己評価

学生に小テストの採点結果を返却した後で，その小テストに向けてどのように準備をして，その準備の方法がどのくらい効果があったのかをふり返らせよう。この活動は学生が最初は個別に行い，それからペアか小グループになって行う。仲間が用いた他の方略について学べるようにするためである。教員はまた，それぞれのペアやグループの代表者に，自分たちの方略やその効果についてクラス全体に向けて共有を求めるかもしれない。この活動は，「メタ認知的に準備不足の」学生の早期発見や介入に役立つように設計された[38]。教員は，この演習を一歩進めて，学生から出された方略をすべて記録し，効果のないものから最も効果があるものまで並べ，そこから学習方略に関する議論を導いていくこともできる。

小テスト後や試験後の添削とふり返り

　次の２つの活動は，ジマーマンらの研究によるものである[*223]。数学の小テストや試験のための活動は，宿題に課す問題として以前に推奨したメタ課題に類似している。その活動が他の領域にいかに容易に転移するのかを，ライティングの補習における活動の部分で示す。これらは両方とも，失敗を価値のある学習機会に変えるものである。

　数学の問題を含む小テストや試験の採点結果を返却するときには，学生が間違った問題をもう一度解き，そして似たような問題を解くための時間を授業で残すようにしよう。加えて，学生が受けた小テストや試験で自信過剰に陥っていなかったかどうかをまず評価させ，その後で，それに向けてどのように効果的に勉強したのかを評価してもらう。十分に勉強時間を確保していたか？　十分に練習問題を解いたか？　他にどんな準備をしたのか？　それから，うまくいかなかった問題を解いた際の方略の他に，修正した方略も見直しシート（revision sheet）に書き出してもらう。ジマーマンらは[*223]，この小テスト後／試験後の活動にあわせて，実験群に問題を解く自信についての事前事後の自己評価を加えたところ，学生の学習に目覚ましい進歩が見られたことを報告している。たとえば，数学で補習中の学生が，これらの方法を学習して実践したときには，これらの方法を学習していなかった学生と比べて，コースの試験の得点が有意に高くなった。それだけでなく，単位取得可能なコースへ入るために必要とされるテストにおいても，かなり高い合格率となった（64％対39％）。ジマーマンらの研究のさらに驚くべき結果については[*223]，最後の章に示している。そこでは，自己調整学習の活動をコースデザインに組み込むことについての説明がある。

　学生が誤りを特定して修正するという見直しシートのアイデアは，数学の問題を解くこと以外の領域にもうまく展開できる。ニューヨーク市立大学工科カレッジのライティング補習部門では，類似する研究として独自の様式を開発している。これらの見直しシートの一例を，対応する小テストと合わせて図6.1
（クロスビー，私信，2012年12月7日）
に示す。学生は，作文の課題をやり直すだけでなく，小テストでどこを間違ったのか，小テストに向けてどのように準備をしたのか，そして次回によりよく準備するにはどうしたらよいのかの質問に答える。主要な小テストの後でこれらのシートが使われた場面では，学生はお互いや授業者から受け取るフィード

バックに留意し，自分たちの作文を改善するためにフィードバックを活用した。
学生はまた，かなり特徴的なこれらの作業について話し合うことを覚えた。コ
ースの最後に行われたニューヨーク州立大学のライティングの試験では，見直
しシートを使わなかったグループの学生と比較して，合格者が18%増加した。[75,182]
この研究に関するその他の印象的な結果については，最後の章にまとめている。

図 6.1　ライティングの補習用の小テストと見直しシートの例

小テスト＃4：要約と言い換え

予想される得点：＿＿＿＿＿＿＿＿　準備にかけた時間：＿＿＿＿＿＿＿　分

以下の課題を正しくできる自信はどの程度あるか？
0%　20%　40%　60%　80%　100%

PartⅠ：次の段落を少なくとも3回読みなさい。それから，その段落の要点をまとめ
なさい。要点は完全な文として表現しなければならないことに留意しなさい。
［段落が示される］

PartⅡ：次の段落を少なくとも3回読みなさい。それから，強調表示された文を言い
換えなさい。
［段落が示される］

上記の課題を正しくできたという自信はどの程度あるか？
0%　20%　40%　60%　80%　100%

第6章　試験と小テストによる自己調整学習

小テスト用見直しシート＃4：要約と言い換え

元の得点：＿＿＿＿＿＿＿＿＿＿＿＿＿　見直し時の得点：＿＿＿＿＿＿＿＿＿＿＿

小テストの採点結果を受け取ったら，得点を向上させるために次のステップに従いなさい：

1．小テストで何か難しいところはあったか？（具体的に）

2．これは，小テストが範囲とする内容を深める機会である。理解の深まりを見えるようにするために，以下の見直しを行いなさい。

次の段落を少なくとも3回読みなさい。それから，その文章の要点をまとめなさい。要点については完全な文として表現しなければならないことに留意しなさい。また，強調した文を，言い換えなさい。
　　［小テストに出していない段落を提示する］

要約：

言い換え：

3．もとの小テストのためにどのような準備をしたのかと，その点数について考えなさい。
　a）もとの小テストの準備のために何をしたのかを説明しなさい。

　b）次の小テストの準備のために何を行うつもりでいるかを説明しなさい。（たとえば，課されている宿題を行うか？　チューター／教員／学習パートナーと一緒に教材を勉強するか？）

出典：ニューヨーク市立大学キングスボロー・コミュニティ・カレッジの学務課のアシスタント・ディレクターのサラ・クロスビーに許諾を得た。

試験直後の自己評価

　試験の最後に，学生たちのテストのパフォーマンスと準備について尋ねるための，いくつかの質問を追加しよう。その回答は学生らの成績に影響しないことを保証しておく。学生が質問に答えるために，試験の終わりに数分残すようにする。そして，最後の部分が完了しないかぎり，答案を受け取らないようにする。バークレイ[*17]は，次のような質問を提示することを提案している。

1. この試験の自分の得点や成績評価はどうなると思うか？
2. この試験の勉強にどれだけ努力したか？　1から10の尺度で答えなさい。
3. この試験のための勉強を何時間行ったか？
4. この試験のためにどのように勉強したか？　つまり，どんな勉強の方法を用いたか？　たとえば，読んだことはノートにとったか？　それらの要約を書いたり話したりしたか？　他の学生とコース内容について話し合ったか？　用語（や等式）の学習にフラッシュカードを作成して利用したか？　何らかの方法によって自分でテストを行ったか？
5. 試験のどの部分が最も難しいと思ったか？　どの部分が最も簡単だと思ったか？　それはなぜか？

　もう1つの方法として，教員は学生に，試験を受ける直前か，採点結果を返却する直前に，先ほどあげたような質問に答えてもらうことができる[*2]。（デクスター・パーキンス，私信，2012年12月8日）

　教員が採点結果を返却したときに，学生はこれらの質問に対する自分の回答を再び目にすることになる。そして，学生らは，試験の実際の成績や教員のフィードバックを踏まえて，回答について改めて検討することになるだろう。ここが学生がよく教えを聞く場面であると考えられる。学生が実際のパフォーマンスと，自らの予測や準備の努力や方略とを比べる際に，いくつかの知見を集める機会を与えよう。得点の違い，とくに，学生が驚いたり困惑したりした得点の違いや，準備の方略について議論をさせるために，小グループに分けてもよいかもしれない。おそらく，うまくいく仲間であれば，本のなかで強調されていた文や授業で提示されたパワーポイントのスライドを読み返すだけに3時間も費やすことが，不十分で，効果がない理由を説明できるだろう。

この試験直後の自己評価は，いくつかの点で自己調整学習スキルを伸ばす。まず1点目は，学生が試験の答えを忘れてしまう前か，コースの内容に照らして答えを確認する前に，全体的なパフォーマンスをふり返らせて予測させる。自己評価ではさらに，学生に試験の準備をどのように行ったのかを評価してもらうが，採点結果を受け取るまで，自分たちの手法の効果を評価することはできない。しかし，試験を完全に投げ出してしまった学生であれば，どのようにどれだけ勉強したのかを分析することによって，その理由を把握できる。2点目は，学生が試験を受けてすぐに，現実を把握させることである。学生たちがパフォーマンスについて自信過剰であったことが明らかになり，おそらくそれは苦痛をともなうだろう。試験の文脈で得た教訓は，ルーティンとなっている宿題を通じたものよりも，強く心に残り，感情面への負荷も大きなものとなる。3点目は，学生が自分たちの試験の準備方略が機能しているかどうかをしっかり検討することができることである。

試験採点後の自己評価

もし教員が望むなら，学生が採点結果を見た直後に，一連の質問に書いて答えてもらうことによって，経験の現実把握部分を形式化することができる。この活動は単独でも行えるし[119, 206]，あるいは試験直後の自己評価に続けて行うことも[2, 17]可能である。どちらにしても，学生は結果的にテストの準備方法を変えることになる。採点結果とともに，学生には以下のような自由記述形式の質問からなる用紙を配布する。

1. この試験における実際の成績は，予測した成績と比べてどうであったか？もし違いがあったら，その違いをどのように説明するか？
2. 試験の成績についてどのように感じたか？　驚いたか，喜んだか，安心したか，がっかりしたか，あるいは他の何かであったか？
3. 試験勉強にどれだけ時間をかけたか？　望んだ成績を得るためにそれは十分な時間であったか，あるいは準備にもっと時間をかけるべきであったか？

4. 試験の準備時間をどのように過ごしたか？（p.90 の質問 4 で活動を列挙したかもしれない）。これらの勉強の方略はどのくらい効果的であったか？
5. 自分が失点した問題を分析してパターンを探しなさい。これらの問題がどの程度特定の授業内容（課題図書，講義，授業での活動，オンラインのリソース）に由来するのか？　それらはどの程度まで特定のトピックに偏っていたか？　問題を読み間違える傾向があったか？　不注意だったか？時間がなくなってしまったか？
6. 次の試験の正答率を目標として設定しなさい。どんな勉強の方略とスケジュールであれば，その点数を獲得できるだろうか？

　用紙を書き終えることを確実にするために，学生には授業内で記入させ，次の試験のための学習リソースとしてそれを持っておくように助言しよう。
　ウェイマー[*206]の試験採点後の報告会は質問 6 が中心となっている。彼女は，学生に，前の試験の結果を基に，次の試験について「学習ゲームの計画」（study game plan）を作成させている。学期を通して，彼女の学生がいくつかの計画を作成し，試験のパフォーマンスを実際に改善している。
　最後の手法は，誤答を分析するための用紙である。これは，**テスト後の分析**（**posttest analysis**），あるいは**テスト批判的分析**（**test autopsy**）や，**テストの事後分析**（**test postmortem**）と多彩なよび方がなされている。このような分析は，とりわけ，多様な種類の問題を用いた試験によく合う。なぜなら，学生が問題の種類と自らのパフォーマンスの関係を同定することに役立つからである。テスト後の分析は，予想した成績，実際の成績，勉強に費やした時間，利用した方略のように，先述の自己評価と同様の情報を要求する。次に，学生は，間違った問題や，間違ったそれぞれの問題でどのくらい失点したのか，その問題を間違った理由について言及する。図 6.2 は，4 つの一般的な原因を提示している。不注意（集中の欠如，焦り），内容をよく知らない（学生が勉強に失敗していること），問題の誤解（読み間違いや問題の複雑さ），完了せず（読み方のスキルや時間管理の乏しさ）の 4 つである。表の構成によって，学生の誤りの背後にあるパターンが見つけやすくなっている——おそらく，集中できない，読むペースがゆっくりしすぎる，読むときにプレッシャーで言葉を見逃すという

第6章　試験と小テストによる自己調整学習

図6.2　テスト後の分析

指示：

1. 上の部分を完成させなさい。具体的で正直であること。どのように勉強したか（しなかったか）を正確に説明しなさい。

2. 間違えた問題を理解しなさい。「間違えた問題」の列に，問題番号を書きなさい──たとえば，＃5のように。

3. ＃5について表を完成させなさい。何点を逃したのか？　それはどのような種類の問題か？　なぜそれを間違ったと思うか？

4. パターンを探しなさい。なぜ内容をよく知らなかったのか？　課題を読み間違ったのか？　宿題として出された問題を間違ったのか？

5. 成功と失敗から何を学ぶことができたか？

コース：＿＿＿＿＿＿＿＿＿＿　　　テストの日付：＿＿＿＿＿＿＿＿＿＿＿
予想していた成績：＿＿＿＿＿　　実際の成績：＿＿＿＿＿％　　総合成績：＿＿＿＿＿＿
勉強の詳細（勉強にかけた日数／時間，とくに用いた方法，授業者との話し合い，
出席した補習 [SI] やチュータリング・セッションなど）＿＿＿＿＿＿＿＿＿＿＿＿＿
＿＿＿＿＿＿＿＿＿＿＿＿＿＿＿＿＿＿＿＿＿＿＿＿＿＿＿＿＿＿＿＿＿＿＿＿＿
＿＿＿＿＿＿＿＿＿＿＿＿＿＿＿＿＿＿＿＿＿＿＿＿＿＿＿＿＿＿＿＿＿＿＿＿＿

間違えた問題	失った点数	問題の種類*	不注意	内容をよく知らない	問題の誤解	完了せず

*MC = 多肢選択（Multiple-choice）　　ESS = 小論文（Essay）　　　　FOR = 式（Formula）
MA = 組み合わせ（Matching）　　　　CAL = 計算（Calculation）　　DER = 導出（Derivation）
T/F = 正誤（True/false）　　　　　　WP = 文章題（Word problem）

ようなパターンがあるかもれない。学生は一度パターンを識別できれば，彼らの必要とする種類の支援を受けることができる（図6.2）。

　図6.2の用紙は，クレムゾン大学のアカデミックサクセスセンターが使用しているものである。このセンターでは，アチャコソとロヨラ大学のアカデミック・アドバイジング・サポート・サービスのWebサイトにあるモデル[*1]から，この用紙を独自に開発した[*2]。読者の方々が学生の必要に応じて，最も役立つように用紙をデザインすることは自由である。

最大の受益者

　小テストや試験は学習経験となるようにすべきであり，それはテスト準備活動や課題，試験後の自己評価活動によって実現できる。試験後の活動は，学生が成績よりも多くのことを分析し，自らの誤りから診断と学習の価値を探り出していくことを促す。とりわけ，試験後の活動は，学生が試験の準備や試験を受ける際に，自身の方略の失敗や不足を同定して，これに責任をもつように支援する。そうして，学生は統制の所在（locus of control）を内側に向け始めるようになる。さらに，これらの試験に関する包括的な支援，すなわち，ラッパー（exam wrappers）によって，最も助けを必要とする学生——すなわち，準備不足で最も到達度の低い学生や，自己調整学習スキルの順位が最も低く，それらのスキルの習得によって得るものが最大となる学生——が，その恩恵を受ける[*147]。

第7章
タイミングの異なる自己調整学習の活動

　自己調整学習を促進する活動や課題は，特定の読書，講義，内容に関する課題，試験とは独立して，コースに組み込まれる。それらは，毎日，毎週，あるいは不定期的に予定される。この章では，幅広く様々な手法について説明していく。

頻繁に，定期的に組まれた課題や活動

　以下では，自己調整学習スキルを促進するために日常的に学生に行わせる短時間の活動や課題を紹介していく。最初は，教員が主役である。

思考の手本を見せる

　教員が授業者として，自分のメタ認知的思考や自己調整学習の手本を学生に見せることを，研究者たちは推奨している。[42,71,176] それには，教員が何の手本を示しているのかを学生に伝え，教員の思考のプロセスを言葉にし，そのあとで理由を説明することが必要となる。いささか品位に欠けるが，教員は授業で「相手を困惑させて貶める行為（Stump the Chump）」を実演することができる。授業のなかで，学生が教員に，専門的な推論が要求されるようなとても難しい問題や質問を提示し，答えにたどりつく思考過程を教員が声に出して，自ら評価するというものである。[24] ウィルソンは，[208] 答えを組み立てる基礎を教えるために，テーマについてすでに知っていることは何かを，自分自身に問いかけることか

ら始めるようにすすめている。教員の手本によって学生たちが順調なスタートを切る一方で，学生自身も質問や問題を通して推論の練習を行い，フィードバックを得る必要がある。そのためには，教員が手本を示した後で，学生自身が自己調整学習やメタ認知的思考を実演し，お互いにフィードバックができるように，学生たちをペアや小グループに編成しなければならない。[176, 178]第5章で取り上げた「発話思考（Think Aloud）」の活動に関する説明を思い浮かべてもよい。その活動では，ある学生が問題解決の過程を声に出している間に，その方略を他の学生が記録し，必要に応じて導いていく。そして次の問題に移ったら，役割を入れ替えることになる。[117]この手法は，学生たちが行うどのような推論にも同じように有効である。

知識に関する調査

　コース開始時における自己調整学習の活動や，コース中に行う試験準備として，知識に関する調査（Knowledge Surveys）という言葉に聞き覚えはあるだろうか。知識に関する調査は，毎週か毎日でも取り組む課題であり，授業の前後に学生が質問に答えたり課題を実行したりすることで，自らの自信を評価する。[218]授業の前では，これらの調査によって，学生たちが予定されている毎日ないし毎週の学習の目的に精通していくことで，学習目標の設定を促す。授業のあとには，直近で学習してきた内容を想起するための練習を提供し，習得すべきであったのに習得できていなかったことへの学生の気づきを高める。それは，授業が先へ進む前に，学生らの混乱を取り除いたり，質問をしたりする機会となる。最終的には，学生たちが何を把握して何を把握できていないかの情報をつかめるので，知識に関する調査は教室における評価の方法（Classroom Assessment Technique, CAT）としての役割も果たす。[218]

オンライン上の議論

　教室内での議論，実演，ビデオ，活動などのあと，あるいはオンラインでの授業の要所で，掲示板はメタ認知的な手がかり（プロンプト）を与える容易な手段である。[146]英語の教授であるジョン・オッテンホフは，シェークスピアのコースにおいて，対面授業の議論のあとに，次のような内省的で評価的な質問を

第7章　タイミングの異なる自己調整学習の活動

頻繁に投稿している。「劇について知るということは，何を知ることだと思うか？」「今日の授業の議論をどのように評価するか？」。そして学生たちが劇に対する解釈と論評を投稿したあとで，彼はさらに「この人の台本へのアプローチはどのようなものであったか？」のような質問を用いて，学生が第三者の見解を分析するかのように，学生自身の見解を分析することを要求する。

　おそらく教員は，通常予定されているコース内容のほとんどを補完するために，良質なメタ認知の質問を考案することになるだろう。たとえば，「教科書や講義からではなく，この実験作業によって学んだことは何か？」「Xについての感情が，ビデオを通してどのように変化したか？」「実演のなかで，予測していなかったことが起こったか？　なぜそれを予測していなかったのか？」「議論のなかで示されたいくつかの観点によって，その問題に対するあなたの意見が変わったのだとしたら，それはどの観点で，なぜ変わったのか？」。このような短時間の内省的課題は，学生たちに経験したことの学習価値や感情への影響について考えさせ，記憶にとどめておくことを確かなものにする。

学習日誌

　学生が学習日誌に毎週記入していくことは，自分の学習や，経験した感情の変化，自己調整学習スキルについて，いったん立ち止まってふり返るためのよい習慣づくりの助けになる。次のようなテーマで，学生に日誌を書かせることを考えてみてもよいだろう。[*90, 113, 162]

- 授業中のクリッカーによる質問への回答，仲間との議論で回答がどのように変わったのかを含む。
- 新しい経験，出来事，知識，情報に対する自分の反応
- 一週間の学習内容とその価値についての見解，感情，意見
- 学び方への洞察
- 学習を通してよく理解できた，明確な知識の獲得や，経験による断片的知識を獲得したときの事例
- 一週間の読書，講義，授業での活動，実習，フィールド観察，日常生活の間で結びついたこと

- 書き方，話し方，グループでのやりとり，まとめ方のスキルに関して気がついた改善点
- 利用した学習方略や初めて試みた学習方略，そしてそれらがどのように効果的であったか
- 学習方略を改善した方法
- コース内容を日常生活に反映していくためにどのように配慮したか
- 自分自身について何かわかったこと
- 学習や宿題，授業での活動において，失敗したことや成功を収めたこと

　毎週，教員は学生に対して1つの手がかりや，複数の手がかり，あるいは関係する手がかりを学生に選ばせて，答えさせることができる。重要なのは，学生に学習をモニター，分析，評価，統合するように励ますことである。

不定期の内省的作文

　次に取り上げる自己調整学習の課題は，単元の内容や学期のなかでの重要な局面と結びつけられる。これらはすべて書くことを求めるものである。

　1つ目の課題は，学生たちに単元（ユニット）や科目（モジュール〈module〉[1]）の前後で，自らの知識を要約して，自らの関心について記述するように求める。[*213]専門でない学生を対象とした科学入門コースであれば，この課題が学習目標，意欲，コース内容への態度について考えることを促進し，事前に科学の現象や問題への価値と意味を見いだせるようにしておく。その単元の終わりには，学生らが科学に対する深い理解と認識が得られたことを自覚していることが望まれる。

　2つ目の作文課題は，単元（ユニット）や科目（モジュール）の最後に，学習した内容を使いこなせるかを学生に評価してもらう。[*209]ウィルソンらは，学生が容易に理解できる実行可能な言葉で手がかりを提供することを推奨している。たとえば以下のようなものである。

- どの内容（理論，概念，原理，手続き，プロセス，現象，出来事）を，他

1　学科課程を構成する下位の履修単位のこと。

の学生に説明できる自信があるか？
- どの内容を説明する自信がないか？
- どの内容が，理解はしていても現時点では説明できないと思うか？
- この内容を自分が説明できるようになるために，その準備として何ができるか？

　3つ目の課題は，学生が成果をまとめて評価することに役立つので，ライティングのコースや集中コースに適している。学生にポートフォリオを作らせること（第5章参照）を前提にしないのであれば，次のような分析的なふり返りを学期中に一度か二度行ってもらうことになるだろう。[121]

- 課題やメタ課題でこれまでに書いてきた内容を見直し，それらの関係を分析しなさい。重要なアイデアや概念がどのように結びついているのか？　主要なアイデアの整理や裏づけを行った方法に何かパターンはあるか？　アプローチはどうしてうまくいったのか？　アイデアの整理や裏づけに何か新しい方法を試したか？　もしそうなら，それはどのくらいうまくいったか？
- 仲間や教員が行ったフィードバックを見直しなさい。どんなテーマが見つけられるか？　作文のよかった点は何か，改善をするために取り組むべきことは何か？
- 受講しているコース間の関係性を示しなさい。異なる分野や異なる種類の課題に応じた適切な作文の種類を同定できるか？　このコースで学習した作文に関するどんな教訓が，他のコースで使えそうか？
- このコースで学習した，よい作文の規準を明確に述べなさい。すなわち，よい作文の一般的な原則，教員があなたの作文の評価に用いてきた規準，そして仲間があなたの作文を評価するために用いてきた規準についてである。これらのすべての規準に照らして，書き手として自己評価をしなさい。

　最後には，自己調整学習スキルの獲得の進捗度について，教員は学生に1回以上の中間的なふり返りを書いてもらう。もちろん，この種の課題は，コース

でこれらのスキルを成長させようとしている場合に限って意味がある。教員は，コースの学生に対して，方略をどのように変えたのか，さらに方略をどのように改善できるのかというように，コースにおけるこれまでの学習と方略についての自己評価を要求することになる。[*90]他には，目標設定，プランニング，自己動機づけ，自己モニタリング，自己テスト，自己評価と改善の努力，自己規律と自己統制のような特定の自己調整学習スキルに的を絞るという手もある。

どんなスケジュールでも

　この章では，毎日行うものから期間中に1，2回だけ行うものまで，教員の都合にあわせて，自己調整学習の活動と課題を統合していくことの可能性を示した。ここで紹介した多くの手法によって，自己調整学習を学生の学習成果の1つにしていくことが容易になるだろう。

第8章

自己調整的な行動を促す

　本章では，学生の行動を改善するために一学期間かけて行われる介入プログラムの指導を2つ紹介する。それらは，挑戦的ではあるけれども容易に実行できる指導である。1つの指導案は，満足を後にとっておく（満足の遅延）ようにさせるものであり，もう1つの指導案は先延ばし（procrastination）をしないようにさせるものである。満足を後にとっておいたり，先延ばしをしないようにすることは，いずれも自己規律や自己統制といった個人の特質に根差した行動であり，学習を促す行動でもある。また，満足を後にとっておくことは，自己調整行動の1つの形であり，先延ばしをすることは，自己調整に失敗している姿だともいえる。この2つの行動はお互いに関連し合っており，満足を後にとっておくことによって，先延ばしを克服できることもあるが，両者はそれぞれ異なる研究領域で調べられてきたものである。

　これらの指導を実施すべきかどうかと思い悩む必要はない。幼少期に満足を後にとっておく能力をもつ子どもは，授業中に注意力を持続させることができ，出席率と課程の修了率が高く，身体的に健康であり，また，薬物の使用や若年での妊娠の割合が低く，強いストレスを抱えにくく，犯罪行為に至る割合が低いことが研究から明らかにされている[134]。さらに，そういった子どもは，大学進学適性試験（SAT）の成績がよいことも示されている[76]。成人後には，この能力は目標設定や計画，自尊感情，エゴ・レジリエンス，ストレスマネジメント，学歴，社会的・認知的能力と強く関連する[133,134,135,183]だけでなく，収入とも関連する[66]。要するに，満足を後にとっておけるようになることが，人生における成功の鍵を握

っているのである。

　それとは反対に，先延ばしをする癖をもつことは成功を妨げる。とくに，新入生は課題をこなすのにかかる時間を過小評価してしまい，実際にとりかかるのが遅くなりがちである。時間管理のまずさと先延ばしによって，大学1年生の成績の約30%を説明でき，大学進学適性試験の成績と高校の成績を組み合わせた要因よりもその説明力は高い。[83]しかし，そういう困った習慣は多くの学生にみられる。実際，80%から95%の大学生が先延ばしをしており，とくに宿題に関しては少なくとも1回は先延ばしをした経験がある。[189]学生は勉強や課題に取り組むための時間を区切るかもしれないが，次々と出てくる大学生活に特有の娯楽の餌食になり，他のことをし始めてしまう。スティールのメタ分析によると，先延ばしは大学の学業成績や全体的な学業面でのパフォーマンスと中程度以上の負の関連を示す。また，達成に対する動因や誠実性，自己統制，集中力，組織化，意図と行動の一致などは，高いパフォーマンスの先行要因となり得るものであるが，先延ばしはそれらの要因とも負の関連を示す。同様に，先延ばしをすることで，人生の後期に金銭面での成功や幸福を得にくくなったり，生じた問題による苦悩を感じることが多くなったり，健康を害しやすくなったりする。

　学生は，いかに衝動性（impulsivity）（満足を後にとっておくことの反対）と先延ばしが自分の教育や未来に影響を及ぼすかを知らないため，教員は彼らの指導者としてそのことをはっきりと伝える必要がある。当然ながら，これらの行動は幼少期のほうが取り除きやすいし，最近の双生児に関する研究では，自己統制の感覚や目的，あるいは学習や発達をし続ける能力は遺伝の影響を受けることもわかっている。[9]しかし，成人の若い段階であれば，衝動性や先延ばしを完全に取り除くことはできなかったとしても，それらを低減したり，満足を後にとっておいて，ぎりぎりになる前に課題に取り組む姿勢を学習したりすることはできる。[51,176,177,179]

　これらの研究が示していること，あるいは満足を後にとっておくことや先延ばしをすることが学習者の人生に深刻で広範な影響を及ぼすという事実を考えると，授業科目にいくつかの介入的要素を組み込むことは，十分に時間を費やす価値があるといえる。満足を後にとっておいて学習に取り組むことで得られ

102

る，豊富で長期的な利益の例を実感できるような機会を学生に与えることが必要である。

学生が成功するための舞台を設定する

　短期的な報酬を求めてしまう姿勢を扱うにしても，先延ばしをすることを扱うにしても，研究者が推奨するのは次のようなことである。それは，学生が経験するストレスのレベルを下げ，動機づけを促し，自己効力感（self-efficacy）を高めるような状況を作り出し，授業の初日から学生がよりよい学習成果を収めるための舞台を設定することである。そのために，次のようなことを心がけるとよい。安心感やお互いの励まし，信頼，サポートなどが感じられる肯定的な雰囲気を意識的に作り出す。学生のことをよく知るだけでなく，学生にも教員のことをよく知ってもらう。学生の名前を覚え，彼らの名前を呼ぶ。オープンな態度や話しかけやすい雰囲気，あたたかさを伝える。活発さや熱心さをもつ。笑顔でいるようにする。ユーモアの感覚や教えることを楽しんでいる様子，自分の学問に対する情熱を示す。アイスブレイクの課題やグループ活動で，学生がお互いをよく知ることができるようにし，共同体の感覚を作りあげる。[43,73,159]

　さらに，教科で扱う主題や自分自身，自分が行う作業に対して，学生が肯定的な感情をもてるようにしてやることも必要である。目新しい題材や学生を惹きつける物語，解決したくなるような問題を用意して，授業科目で扱うトピックに対する興味や関心を高めてやる。教材に価値があること，自分とかかわりがあること，有用性があることを感じられるようにしてやる。自己効力感や自分自身に対する期待を高めて，学習性無力感（learned helplessness）[1]に陥らないようにしてやる。授業でうまくやっていけるという信念（belief），思い描いたことは何でも学ぶことができるという信念を支えてやる。肯定的な自問自答を促し，自分の人生をコントロールできると同時に責任も負っているという考えをもたせる。授業に対する取り組みや貢献に対して肯定的で的を射たフィードバックを与える。否定的な感情を受け止めてやらないと，損をしたという感

1　努力を続けても望む結果が得られない経験が重なることで，何をしても無駄だと思うようになり，それ以上，努力をしなくなること。無気力になることは経験によって学習されたものだという心理学の考え方。

覚や恐怖感をもってしまったりするので，不満足な成績に対して抱いている否定的な感情に気づかせ，その感情を自分なりに受け入れられるように支えてやる。たとえば，次のように言うとよいかもしれない。「最初のテストや課題に対して，満足とはいえない成績をとってしまって，戸惑ったり，いらだちを覚えたりしているかもしれません。それは無理もないことです。どうすればよりよい成績をとれるかを見いだすために，私のところに来てください」と[73]。

最後に，授業を注意深く構造化し，うまく系統立て，先を見通せるようにすることも大事である[143]。締切を設定してそれをきちんと守らせ，予告しておいた罰と約束したインセンティブや報酬を確実に与える。もちろん，早いうちに課題に成績をつけて返却したり，シラバスに書いたスケジュールや方針を忠実に守ったりすることによって，教員自身が自己調整学習をモデルとして示すことも重要である。

学生が達成できるような舞台を設定するために，いくつかの手立てをまとめて実施することもできる。

満足を後にとっておくことを促す

残念なことに，ミレニアル世代の学生は生まれてからずっと即時的な満足を期待してしまうような状況に置かれてきた。課題によく取り組んでいるときであっても，テクノロジーが学生の求めているものを瞬時に運んできてしまう。クレジットカードと買い物ができる機会が広まったことで，洋服や電化製品，娯楽に対する欲望を素早く満たすことができるようになったのである。テクノロジーに比べ人をコントロールするのはもう少し難しいが，学生は課題に対する評価が遅れたことに対して不満を言うことで，成績のついた課題を新記録の速さで返却させるように教員をうまく訓練してしまっている。同じような訓練は，学生サービスの職員にも行われている。教職員が訓練され条件づけられたことによって，訓練者である学生はますます速くて効率的なサービスを期待するようになる。しかしながら，学生がすべての人に自分の要求や好みを即座に満たしてもらうことを期待するのは不可能である。人生はそんな風にはいかない。そのため，満足を後にとっておくように学生に教えることは，後に経験するであ

ろう多くのいらだちやみじめさから彼らを守り，社会的，心理学的，教育的な成功につながり，ひいては金銭面での成功も促すのである。

授業者の方略の実施

まず大事なことは，短期に得られるものを好むことにどのようなコストがつきまとうのか，あるいは長期に得られるものに目を向けるとどういうメリットがあるのかについて，研究ではっきりとわかっている事実を学生と共有することである。そのあと，長期的な見通しと行動を促す方法としてオ・グレイディ[143]が示している次の方法を考えてみよう。

授業でよい成績をとり，重要な課題をやり遂げるために設定している目標と，その目標を達成するための時間的な計画について書かせよう。学期の間じゅう，目標に対する進歩を学生にモニターさせ，評価をさせるのである。

学生，とくに新入生に，一週間の予定を立てさせよう。学生は，それぞれの課題に応じて一連の時間枠を配分する必要がある。担当する授業科目に対して時間を配分するだけでなく，他の授業科目や課外活動，アルバイト，地域奉仕活動，家族と過ごす時間，その他の生活にかかわることなどに対しても同じように配分しなければならない。そして，学生はそれぞれの授業で出された課題にどれぐらいの時間を費やしたのかを記録しておくべきである。先に述べたように，とくに新入生は課題に要する時間を過小評価する。共通の課題を時間で区切られた要素に分割するツールは，https://www.lib.umn.edu/apps/ac/[199] や，http://utminers.utep.edu/omwilliamson/calculator1.htm[207] で利用することができる。

勉強しているときの自分自身を観察し，「ポジティブ・ディストラクター」を見つけさせる課題を与えよう。ポジティブ・ディストラクターとは，勉強することや書くこと，問題解決を行うことなどに対する粘り強さを促す環境的要因のことである。ポジティブ・ディストラクターの候補になり得るのは，作業に取り組む前の運動，BGM，定期的な休憩，決まった姿勢，決まった場所などである。

高次の思考を必要とする挑戦的で長期的な課題を与え，それを締切までのいくつかの段階に分割しよう。

満足を後にとっておきたくなるように，代理貨幣制度を設定しよう。優れた
レベルで課題を完成させたり，早くに課題を提出したりした場合には代理貨幣
を与え，一連の授業の最後には集めた代理貨幣を学生にとって意味のある報酬
と交換してやる。たとえば，代理貨幣5枚を集めれば，最低点がついている学
期中の小テストを成績から取り除くことができるようにしたり，代理貨幣7枚
で授業科目の成績に10点加点できるようにしたり，代理貨幣10枚で最終試験
が免除されるようにするなどである。もしくは，一連の授業の最後にすべての
代理貨幣を使わせるのではなく，遅刻や欠席をしたときに代理貨幣で埋め合わ
せたり，課題の締切までの期間の延長や授業中の小テストや課題に合格するた
めの加点を代理貨幣で購入したりすることを認めてもよい。もちろん，毎回時
間通りに授業に出席し，課題を締切までに提出し，優れたレベルで課題をこな
している学生は，そういった代理貨幣を使う必要はないだろう。一連の授業の
最後に，代理貨幣の価値を倍にし，成績に対する加点や最終試験を免除する権
利と交換させてもよい。小テストや試験，課題で一定の得点を収めた学生には，
ボーナスを与えることもできる。代理貨幣は，いかにして満足を後にとってお
くかを学ぶためのもう1つの機会としても役立つのである。

**誰が最も後まで満足をとっておけるか，個々の学生やグループで競争させよ
う**。オ・グレイディ自身がこのアイデアを発展させているわけではないが，一連
の授業の最後に最も多くの代理貨幣をもっていた学生やグループに報酬を与え
るような仕組みを設定することもできる。たとえば，授業に遅刻したこと，授
業や小テストを欠席したこと，課題の提出が遅れたこと，小テストや試験，課
題について定められたポイントを稼げなかったことに対して代理貨幣を支払う
ように求めることもできる。先ほどと同様に，授業に出席し，時間に間に合い，
期限を守って課題を提出し，成績がつく課題できちんと点数をとっている学生
は，代理貨幣を使う必要はない。そのため，課題を早くに提出したり，小テス
トや試験，課題で高得点をとったりすることによって，もっと多くの代理貨幣
を貯蓄できる機会を与えてもよいだろう。授業の終わりのほうで，最も多くの
代理貨幣を貯めてきた学生やグループは，教員が選んで用意した賞品を受け取
ることができる。たとえば，ギフト券や本，トロフィー，授業科目の内容と関
連がある制作物などを賞品とすることができる。

第 8 章　自己調整的な行動を促す

　最後に，満足を後にとっておいたことによって経験できた個人的な利益について分析させ，それを書かせよう。それまでに得てきた報酬を数え上げるとき，学生は短期的な利益よりも長期的な利益を求めるように態度と行動を変化させやすい。

学生が先延ばしを克服できるように助ける

　介入プログラムは，人が困難のもとになるような非生産的な行動を実際に行っているときに最も効を奏する。そのため，学期が進み，大量の課題が出され始めるまでは，先延ばしというトピックを扱わないほうがよい。[*84]学期の半ばで大量の課題が出され始めたタイミングで，先延ばしを防ぐような講義と仕組みを授業に導入しようとしていることを伝えれば，学生はより興味をもち，話に耳を傾けるだろう。

学生の自己覚知を高める

　先延ばしには自己欺瞞が含まれており，時には他者に対する欺瞞も含まれていることがある。よくある欺瞞の形は，課題に取り組むのが遅れたことに対する言い訳であり，後できっとやるという空しい約束が続くことが多い。[*85]こういった欺瞞は，短期的には不安を低減するかもしれないが，ストレスのもととなっている事柄には何の対処にもならない。すなわち，課題に失敗することに対する怖れ，自分の成績に対する他者からの期待が高まるのではないかという心配から生ずる成功への怖れ，低い自己効力感などには役に立たないのである。ここでの自己効力感の低さは，外的な統制の所在に関する根強い信念からきていることが多く，その信念のために自分の行動に対して責任をもてなくなってしまう。あるいは，先延ばしをする学生のなかには，単に土壇場で慌てふためく状態からくる高揚感を楽しんでいるだけのものもいる。[*84]

　先延ばしの背後にある自己欺瞞や否認，不安などのせいで，行動し始めることを避ける学生がいる。そのため，介入プログラムを始めるときには，次のような先延ばしの兆候に詳しくならせることで，学生の自己覚知（Self-Awareness）を高めることが必要である。[*84]

107

- ぎりぎりになるまで，行動に移さない。
- 個人的な締切を設定せず，仮に設定してもその締切を大事にしない。
- 危機的な状況が生じるまで行動しない。
- 時間の使い方に関して毎日の予定や目標を設定しない。
- 課題に取り組むことに対して個人的な優先順位を決めない。
- つまらない課題や日課を非生産的なやり方でこなそうとしたり，重要とはいえない教材を読んだり，対面や電話あるいはソーシャルメディア上で誰かとやりとりすることに多くの時間を費やしてしまう。
- すべての要求や招待に応じてしまう。
- 物事に関与しすぎたり，過密な予定を組んだり，無理をしすぎてしまう。
- 素早いけれどもあまりにずさんなやり方で課題をこなしてしまい，後からやり直さないといけなくなる。
- 課題に対する基準として完璧さを求めてしまう。
- 課題に費やす時間を十分に確保しておかないために，不測の事態に対応できない。
- どのように課題をするかに関する指示を読まなかったり，聞かなかったりする。
- 課題に取り組んでいるふりをするだけで，実際に手を動かして書くことをしない。
- 他の人に助けを求めたり，他の課題を手伝ってもらったりするように頼まない。

　学生がこれらの兆候に関する知識を得たら，次のような質問に書いて答える内省的な練習問題を与えるとよい[84]。それは，「現在，自分はどの課題を先延ばしにしているだろうか？　過去に先延ばしにしたことがある課題として思い出せるものはあるだろうか？　先延ばしにした課題には何か共通点があるだろうか？　たとえば，すべて調べることが必要であったり，書くことや数学的な知識が求められたり，一人で取り組まなければいけなかったり，あるいは何か共通して必要なことがあったりはしないだろうか？　先延ばしにするのは，自分がやり方をわかっていない活動だろうか？　うまくできないことを怖れている

ような課題だろうか？　あるいは，十分に時間を割いてうまくこなしてしまう
と，自分が時間を割こうと思っている以上に他の人から期待されてしまうこと
になるため，それを怖れているのだろうか？　課題を先延ばしにしているとき，
自分はどのような活動に気を逸らされているだろうか？」といったものである。
これらの問いに対して正直に答えて自分に関する知識を得ることは，非生産的
な行動を変えるために，最初に踏み出すべきステップである。

授業者の方略の実施

　学生の意識を高めるような授業をしたり，作文課題を与えたりすることに加
えて，次のような方略を用いることで，学生は自分の行動を管理し，先延ばし
の習慣を打ち破る術を学ぶことができる。[*40, 73, 84, 85]

- 授業中に意味のある長期的な課題について考えたり，取りかからせたりす
  る活動を，学期の初めのほうで確立する。たとえば，概念マップ法，自由
  作文，目標設定，予定の計画などといった活動である。
- 自己欺瞞に対する気づきを維持するために，課題を避けようとして自分自
  身についた嘘を書き留めておく**嘘つきログ**をつけさせる。よくある嘘とし
  ては，「その課題は明日やろうと思う」，「もう少し考えたら，完璧にでき
  るはずだ」，「今日は課題をやる元気がない」，「今は X をやるほうがより
  大事だ（X には，洗濯やフェイスブックのチェック，友人との電話，雑誌
  を読むことなどが入る）」などがある。ログをつけることで，先延ばしを
  することについて下手な言い訳や理屈を並べたてることが，非生産的であ
  るだけでなく，不誠実でもあることに学生は気づき始める。
- 毎朝，一日の始まりに，その日にしなければならない課題を 3 つ設定させ
  る。それに加えて，設定した自分の課題を嘘つきログや学習日誌に並べさ
  せ，一日の終わりにどれくらい目標を達成できたかの自己評価を書かせる
  こともできる。こういった活動によって，学生に毎日の習慣をもたせるこ
  とができ，その習慣によって先延ばしや衝動的なふるまいをやめさせるこ
  とができる。
- 長期的なプロジェクトについて，特定の期日までに終えるべき部分や，学

期中の特定の期間の区切りを伝えるリマインダーをシラバスに加える。こういったリマインダーを授業においてくり返し伝えるとよい。

- 課題に対する方針と成績に関して，わかりやすく適度に細かいルーブリックを用意し，学生がその方針と基準を読んだあとには質問を受け付ける。教示の内容や求められていることを理解していないために，課題に取り組むのを先延ばしにする学生が時どきいる。

- 時間通りに課題に取り組むことのメリットを最大化させるために，学生によい勉強のしかたや学習方略を教える。たとえば，1つの教科に関する本を読むのは2時間までに区切り，2時間経ったら休憩を入れると最も効率的であるといったようなことである。そうしなければ，疲れてしまって集中が困難になる。[*84] 次の3つのウェブサイトで，優れたアドバイスを得ることができる。サイトのURLは，http://studygs.net，http://ucc.vt.edu/academic_support/study_skills_information.html，http://www.samford.edu/departments/academic-success-center/how-to-study（映像）である。

- 最初の原稿の提出締切と修正した原稿の提出締切の間は，あまり空けないようにする。

- 早めに課題を提出した学生には報酬を与え，締切に遅れた学生には罰を与えるように，成績システムを設定する。より効果的なシステムは，提出の期日に応じて提出が必要とされる課題の量が決まるというものである。たとえば，早めに解答を提出するなら6個の問題を解くだけでよく，もう少しあとで解答を提出するなら8個の問題を解かなければならず，さらに提出が遅い場合には10個の問題を解く必要があるといったやり方である。[*114] このシステムを作文課題に応用し，書かなければいけない文章の量を変えることもできる。

- バーンズ[*40]が示している頑なに先延ばしをする人のための5段階プランに含まれている課題に取り組ませることで，自分が先延ばしと戦っていることを学生にふり返らせる。その課題には，努力を続けることに対して責任をもたせることも含まれる。

第8章　自己調整的な行動を促す

1. 先延ばしと戦うのは難しいことである。読者が出会った予期せぬ困難の
   リストを継続的に作っていこう。
2. 先延ばしをしないとしたら，個人的にどういうコストがあって，どうい
   う利益があるのかについて，継続的にリストを作っていこう。
3. 学期の終わり頃までにしなければならない主要な課題を，いくつかのス
   テップに分割しよう。
4. 努力を続けていることに対して生じた否定的な考えと，それを追い払っ
   た方法を記録しておこう。
5. 先延ばしに打ち克つために，どのようにして自分に報酬を与えたのかを
   書き記しておこう。

時間管理をこえて

　満足を後にとっておいたり，早めに課題に取り組んだりする練習をさせるこ
とは，学生に時間を管理する訓練をさせるよりも効果的である。本章で紹介し
た介入プログラムは，毎日の生活習慣や価値観にもふれるものである。本章で
紹介した介入プログラムによって，急激なストレスと誘惑から逃れ，即時的な
メリットよりも将来の報酬をめざすようになる。そのとき，彼らは大学とは本
来どのようなものであるかということを経験する機会を得ることができる。多
くの学生にとってこの機会はまったく新鮮であり，少なくともそのうちの何人
かは満足を後にとっておく習慣や先延ばしをしないような習慣をもつようにな
る。間違いなく，そういった習慣をもつようになった学生は，生活全体をより
よいものに変化させていくだろう。大学教員は，学生をよい方向に向かわせる
ことができる職業に就いているという点で，幸せなのではないだろうか。

第9章
自己調整学習を取り入れたコースの終わり方

　学生に自己調整学習をさせる機会を少しでもコースに取り入れてきたなら，コースを通して学んできたことを包括する仕上げの課題を彼らに出してコースを終えるべきである。授業を通して自分が何を学んできたのか，授業を受けたことで自分がどのように変わったのかということを自分で考え，評価することは，学生にとって貴重な経験となる。そうでなければ，学生は，自分が学んできたことを吟味する機会も促さなかったというまさにその理由で，あまり学ばなかったと感じたままコースを終えるかもしれない。それでも教員が教員評価アンケートで学生から「コースからは何も得るものがなかった」などのクレームをまったく受けなかったとしたら，その教員はよほど恵まれた環境にいるのだろう。コースを終えるとき，コースを通して学んできたことを評価する課題を学生に与えるなら，そんな批判は受けないだろう。

　本章で取り上げる活動や課題のほとんどは，おそらくコースの始めに学生に取り組ませたことのフォローアップである。コースを終える際に実施するこれらの課題は，コースの経験から学生が学んだ程度を包括的に評価するうえで論述式の最終試験という形が望ましいということを思い返すかもしれない。しかしながら，コースをよい形で終わるために，学生に開始時点の経験をさせる必要はない。2, 3のちょっとした活動や課題でよく，それらは本章の終わりのほうで要約している。

コースを終えるときの始め方

　第2章で述べたように，これらの活動や課題はコースの最初と最後に行うものである。簡単にふり返ろう。

成績 A をとる——とることができない

　もし読者がコースの始めの授業で「私はこの授業科目でどのようにして A 評価を獲得したのか」というレポートを学生に書かせているとしたら，それは学生に A をめざさせ，学生自身がその目標を達成するために具体的な計画を立てるように鼓舞するものでなければならない。[219] 自己調整学習の考え方を支持しているパーキンス[153]とヴィルト[210]はこの課題を学生に与えている。コースの終わりに行う活動として，これらのレポートを学生に返却すれば，授業の成績が A であると確信のある学生は，自分の方略の優れた点を評価することができるし，自分が行ったすべての方略について説明することもできる。反対に，成績が A に満たないと実際に考えている学生には，自分が計画した方略をどの程度うまく続けることができていたのか，そして，いつ，どのように，なぜ迷ってしまったのかを自分で評価させるべきである。あたりまえだが，後者の学生は，書くのが難しいと感じ，またおそらく長いレポートを書くことになるが，結果としてその批判的な自己のふり返りから多くのことを学ぶだろう。

メタ認知的スキルの自己評価

　コースの始めに，第2章で推奨した2つの手段——クーパーとサンディ・ウレーニャ[47]によって開発された科学と科学関連コースを対象に用いる27項目のメタ認知的活動質問紙（MCAI），あるいはスクローとデニソン[177]によって開発されたすべての学問分野で使用できるメタ認知的気づき質問紙——のうち1つでも学生に回答させていたなら，コースの終わりに学生にもう一度それらに回答させ，その変化を確認したほうがよい。教員がそれらのスキルを学生に獲得させるような活動や課題を授業に取り入れてきたなら，多くの学生はその変化，つまり，自分たちが身につけてきた新たな学習習慣に喜び，驚くだろうし，そういった学生は自分の成績に対しても同じ気持ちを抱くだろう。

第9章　自己調整学習を取り入れたコースの終わり方

コースの知識とスキルの自己評価

　第2章では自己評価の主な3つのタイプ，すなわち内省的作文，内容に焦点を当てた作文，知識に関する調査を示した。

　内省的作文　サスキー[193]とクラフト[102]は，その科目が扱っている問題あるいは学問が対象としているものは何であると考えているか，そして，それがどのように提起され，なぜそれが重要なのかということについてコースの初めに学生に書かせることを推奨している。コースの終わりに再びこれらの疑問に立ち戻らせ，自分たちの答えを比較させることをしなければ意味はない。クラフトは自分の学生にコバンとラビング[45]が開発した科学についての記述——それは正確なものもあれば不正確なものもある——が書かれたカードのセットを学生に与えて，そのなかから答えを選ばせている。最初は個人で選び，それから2，3人のグループで同意が得られるまで行う。授業の終わりに，同じグループで，科学の本質とは何か，それがどのように実現されるのか，これらに関して集団として論述をまとめる。クラフトの場合は，地質学が科学的手法をどのように例示しているのかということを記述させている。また，学生はどのように，そしてなぜ科学に関する自分たちの考えが変わったのかについてそれぞれふり返ったことを書くことになる。クラフトによると，この課題がまさにメタ認知的思考を学生にもたらしている。なお，これらの内省的作文を成績評価の対象としたくなるかもしれないが，それをする必要はない（第10章参照）。

　内容に焦点を当てた作文　第2章では，最初に課された課題に対応する2つの最終試験にふれた。それは，グリフィス[77]の「授業に出る前の自分への手紙（letter to pre-class self）」（私信, 2010 - 2011）とコギシャルの「価値が加わった最終レポート（value-added essays）」である。いずれの課題も，学生に提出させるが，成績評価はつけずに授業の終わりに学生に返却する。最終的に学生は自分が最初に書いたものを批判する——すなわち，不正確な点，誤概念，そして誤った推論を指摘し，修正していく。そして，それぞれの問いに対して以前よりも完璧で正確な答えを出す。なお，これらの課題において，グリフィスは，学生を大学における新しい授業者と見立てて彼ら自身の取り組みについて評価させているが，コギシ

ャルは以下の2点を重視する。1点目はコースに関連している論拠をレポートにどれだけ表しているのかであり，2点目はコースが始まってから自分たちの思考に生じた変化についてどれだけ説得的に説明できるのかである。両者とも，これらの形式は，最終試験として出されるため，学生にコースで学んできたことをふり返らせ，そして正確に評価させるものとなる。

　知識に関する調査　第2章で説明したように，知識に関する調査は，問題に回答できる能力の有無，またはコースにかかわる知識やスキルをもとに出される課題の遂行可能性についての自信を学生に評定させる質問紙である。[*141, 142, 215]コースの初めに行うこの活動は，コースで学ぶべき題材と能力を予示するものとなる。最後に，同じ調査をもう一度行い，そのときに最初に調べたものを学生らに提示すれば（そうすべきであるが），学生は授業でどれだけのことを学んだのか，そして自分たちがコースでどれだけ学び，どれだけの自信を積み重ねてきたかを自覚する。そうすることで学生らは，学習者としての自己効力感と自己調整学習スキルをますます高めるだろう。加えて，最初に自分の知識やスキルについて過剰な自信をもっていた学生は，自分の判断が誤っていたことに気づく。おそらく，今後彼らは自分の知識や能力を過剰には見積もらなくなるだろう。

単独で用いるコースの終わりに使う活動と課題

「将来の活用法」をまとめるレポート

　学生は，コースで学んだとしても実践に活かせるものは何もなかったと考えることがある。たとえそれらの考えは学生のキャリア，市民参加，あるいは個人生活にどれだけかかわっているのかを教員が熱心に説明したとしても，これは起こりうる。もし学生がこちらの話に耳を傾けているように見えたとしても，教員は現実世界で働き，生活していないと考え，信用できないと思っているかもしれない。もしそのようなことが積み重なり，学生の信用をうまく得ることができないのであれば，知り合いの実践家をゲストスピーカーとしてコースに招いてみてはどうだろうか。そうすれば，教員が語る仕事や市民活動における実社会での課題，経験そして責任について，学生らの疑いを晴らすことができ

るだろう。

　教員は，次のような自己調整学習の課題を出すことによって，彼らの誤概念を正すこともできる。[*194] 学生に３ページから５ページ程度で「将来の活用法」のレポートを書かせ，そのなかで学生に自分がコースで学んだ３つの最も重要な概念やスキルを確認させ，なぜ自分がそれらをそれほど重要と考えたのかを説明させるとよい。とくに，これらの概念やスキルを今後どのように活用しようと考えているのかということを意識させて。入学して間もない学生は，この課題を通じて，自分の将来の仕事，自分がコミュニティに参加するうえで本質的なこと，さらに一般的な大人の生活と自分にとって「外側の世界」と考えていた研究を関連づけることになるだろう。実践家やコミュニティの一員として貢献している人にインタビューさせてもよいかもしれない。こういったレポートは，単にふり返るだけでなく，多様なスキルや能力を必要とするため，教員はそれらを含めて評価するためのルーブリックを学生に示し，使わせるべきである。

スキルの表

　この活動を通して，学生はコースで学んだことの実践的な価値を考え，推論する。まず，コースの主たるトピックや構成単位を上端部と左端部に行と列という形で表に配置する。入門コースにこのやり方を工夫して導入した政治科学の教員であるパクテは，[*148] アメリカの政治，民主主義における予算のプロセス，そして比較行政学といったトピックをリストにしている。それから学生は，それぞれのトピックに対応した，あるいは求められるスキルを空欄に記入する。応用学問の場合，この表を書くことはよりいっそう容易である。どんな場合でも，学生は自分たちが学んできたスキルと授業の内容を関連づけることになる。

これから受講する人たちに向けての手紙

　これらの手紙は，体験から語るものであるが，コースで成功するための方法や悩みに陥りやすい点を，後にコースを受講する学生に向けてアドバイスするものである。さらにいうと，その手紙は，コースを終える学生にとって，非常に価値のあった勉強や課題の方略であり，またコースを通して最も興味深く重

要だと感じたことの要約である。デービス[52]は，大人数講義においては，確認で[120]
きるだけの枚数に絞るために，Ａをとった学生にのみそれらの手紙を書かせる
ようにしている。学生は，通常，最も信頼している教員よりも学生の言うこと
を信じるものである。そのため，この課題には，いくつかの目的，すなわち学
生に学習スキルを教えること，教材についての興味を喚起すること，そして学
生の自己調整学習スキルを育てることが含まれている。1つ目と2つ目の目的
に関しては，主としてコースを受ける後の学生にとって意味がある。しかし，3
つ目の目的は，主に今われわれが関心のあることであるが，授業を終えていく
学生にとって最も大きな意味がある。なぜなら，学生は自分たちの経験を仲間
と共有することにとくに強く動機づけられるからである。

　この課題は，遂行結果の観点から自らの努力について学生にふり返らせ，吟味
させる。すなわち，学生らがどこで手を抜き，何に時間をかけ，どこで自分を
駆り立て，どのようにして成長し，いかに思慮深く自らの学習を方向づけ，モ
ニターし，どのようにこの課題に対してコツコツと計画を立て，取り組み，そ
してその期間どのようにして効率的に時間を使ってきたのか，ということにつ
いて考えさせるのである。手紙を書く時間は，クラス全体でこうした洞察を共
有させ，また議論させる素晴らしい機会を学生に提供することになるはずであ
る。

　この課題を学生に課す主な目的が何であれ，もちろん書き手の許諾を得たう
えではあるが，次にコースを受講する学生にこれらの手紙を渡すべきである。た
いてい，新しい学生はそれらを読み，そのアドバイスのいくつかを心にとどめ，
結果としてよりよい学習成果を見せるだろう。

コースを終わらせること

　授業の雰囲気を整え，コースの目的を明確にするためには，授業の最初の日，
あるいは2回目がきわめて重要であるように，まさに，授業の最後，あるいは最
後から2回目はきわめて重要な日である。実際，総仕上げの課題や最後の日の
活動を行うかどうかにかかわらず，学生は，コースのすべての回のなかで最後
の授業を最も覚えていることが多い。そのため，教員は最終回の授業では，コ

ースからつかみとってほしい決定的に重要な内容やスキルに学生らの意識を向けたいと考えるはずである。もし，教員にとって「決定的に重要な」と表現したものが大学生として，そして生涯学習者としての成功をもたらすものを何にせよ含んでいるのであれば，そのときは学生の自己調整学習スキルを育む何らかの活動を取り入れてコースを終えるべきである。

第 10 章

成績評価を行うべきか？あるいは別の方法は？

　ここまで見てきた多くの自己調整学習の実践には，成績の評定にはなじまないいくつかのタイプの授業内の活動が含まれている。目に見える形で記録されていない，たとえば，授業での議論，授業内の小休止としての活動，ペアや小グループでの意見交換などである。しかし，ほとんどの自己調整学習の課題や活動は，授業内と授業外の両方において時間を使って，何かの形で書くことを求めている。学生の最終成績に関して，これらの活動にもし意味があるとすれば，それは何か？　われわれがこれらの課題や活動をまじめに考えていないと学生に受け止められないように，**何らかの意味づけをする必要がある**。しかしながら，こうした学生の取り組みの質をもとにして，多くの得点を学生たちに与えて，評価をし成績をつける必要があるのか？　もし仮にこれらの課題や活動に伝統的な方法で成績をつけるとしたら，赤ペンで添削する課題を大量に抱えることになり，採点に要する時間も倍増することになるだろう。そのように考えてくると，自己調整学習をできるだけコースのなかに位置づけようとする気持ちもなくなってしまうかもしれない。もし他の課題と同じように成績をつけないとすると，学生たちがこれらの課題や活動を真剣に受け止めて，誠実に申し分なく努力するようになるために，われわれ教員にできることはどのようなことだろうか？

　実際のところ，これは二者択一の問題ではない。多くの自己調整学習の課題については注意深く成績評価を行う必要があるだろう。なぜなら，それらには，考慮すべき活動が含まれており，本質的な内容の習得を評価することが求めら

れているからである。しかし，その多くは，伝統的な意味での成績評価を行う
必要がない。本章では，評価方法の代替案について詳しく検討していく。これ
は，知的な努力を必要とするが，1つの正解を導くものではない学習活動に適
したものであり，本書のなかで紹介されている多くの実践と同質のものである。
ここではまず，成績評価をいっさいともなわないすべての活動について見てい
くことにする。

成績評価をつける必要がないもの

　表 10.1 の 12 の活動のリストは，成績をつけることが困難で不必要なもの，あ
るいは，生産的ではないと考えられる自己調整学習に関する活動を示している。
たとえば最初のものは，コースの初めに，学ぶことや考えることそのものの本質
について学ぶために課せられた読み物をもとにして授業のなかで行われる議論
のことである。こういう読み物は，学生が自分自身をよりよく理解するのに役
立つので，書くことを求める宿題や小テストのように成績というインセンティ
ブがなくとも，学生たちはかなりしっかりと読もうとするだろう。しかし，教
員である読者は学生について最もよくわかっているので，読むことをより確か
なものにするツールを準備する必要があるのではないかと，おそらく考えるだ
ろう。大多数の学生が読み物に取り組んだとすれば，彼らのほとんどが議論に
貢献するべきものをもっているはずである。第 2 章では，クラスに向けて誘発
するようないくつかの問いを提案した。誘発するような，というのは，それら
が多様で価値のある解を含んでいるからであり，学習がどのようなこととかか
わっているかについて学生が理解できるようにするためである。また，問うだ
けでなく，できるなら学習についての誤概念を捨てる必要もある。読み物が学
生に与える最初の影響については，少なくとも何らかの評価ができなくてはな
らない。そうすれば学期の間じゅう，そこでの課題について絶えず見返すこと
ができる。

　コースで A 評価を獲得する方法について授業でブレーンストーミングを行
うセッションの時間を設けることは，あらかじめそのトピックのレポートを課
すかどうかとはかかわりなく，このアドバイスを最も必要としている学生にと

って有益なはずである。これらは，A をとることはどういうことか，まだ知らない学生たちであり，高等学校での易しいカリキュラムから大学レベルのより厳しいカリキュラムへの移行に困難を抱えている多くの学生たちが含まれている。学生が教員よりも仲間の学生のことを信じているとすれば，力不足の学生たちは，授業に出席することの重要性，時間管理の方法，読み物や宿題に遅れずに取り組む方法，テストに向けての適切な準備の方法など，これらのことについて，有能な学生から信頼できる確かなアドバイスを得ることに注意を払うだろう。

　残念ながら，学生が宿題に取り組んでいるときに教員が側にいることはできない。そのため，学生が再生して見直す（recall-and-review）という手続きを

表 10.1　成績評価に適さないもの

・ 学ぶことや考えることに関する読み物をもとにした授業での議論
・ コースで A 評価を獲得するための方法についての授業のなかでのブレーンストーミング
・ 思い出して書くこと（再生）と見直しによる読みの手続きでの自己テスト（たとえば，RSQ3R，PQR3）
・ 講義前の活動として，活性化された知識の共有 *
・ クリッカーによる質問
・ レベルを確かめるための学生による質問
・ 講義中のペアやグループでの活動 *
・ 講義内の小休止としてのクイック・シンク（Quick-thinks）*
・ ペアないしグループでの小テストのあとのふり返りと自己評価 *
・ 講義のまとめをするペアでの活動
・ 宿題の課題についてペアでの発話思考（Think Aloud）
・（授業者の見本のあとの）ペアないしグループで論理的思考の実践 *

　　* 個人，ペア，グループに抜き打ちで尋ねることで，学生に報告する責任をもたせるもの

用いて自分自身の記憶と理解の程度をテストしているか，というような最善の読解のテクニックを実践しているのかを観察することができない。再生して書いたノートを提出するよう求めることはできるだろうが，それが実際に内容を思い出したものなのか，ただ単にノートをとっただけのものなのかはわからない。

　知識を活性化して共有することは，数あるペア活動や小グループ活動のうちの1つで，成績評価するものではないが，責任を求めるものである。既有知識を活性化し，誤概念を明確にすることがめざされ，この特別な活動で学生はペアやペアでのグループになり，講義で取り上げているトピックに関する質問に答えていくことになる。講義のなかで，学生をペアにして協力してノートをとらせたり，台本に従って協力させたりすることがあるかもしれない。これら2つのやり方とも，ペアで定期的に自由に再生し，比較や，模擬テストとその評価を行う。「クイック・シンク」として知られている個人，ペア，グループでの活動のいくつかの選択肢を用意しておくこともあるだろう。小テストのあとに，学生にその成果をふり返って自己評価をさせ，お互いに共有させることもあり得る。あるいは，論理的思考の過程の手本を示してから，学生どうしでその過程を実践させてみることもあり得る。学生にこれらの活動に熱心に取り組んでもらうよう，個人でも，ペアないしグループにでも，試しにあるいは抜き打ちで誰かに質問をし，クラス全体で答えを共有することもあるだろう。また，最初の返答を受けてから，他の学生に別の答えを尋ねることもあり得る。学生が授業内の活動に責任をもつことに順応することが目標となる。

　講義の最後の2つのペア・ワーク，すなわち，まとめのノートをペアで作成することや，ペアで見直しをすることは，成績とは関係がなく，また，責任が求められるものでもない。前者の場合，助け合ってお互いに修正をし，ノートを完成させる。後者の場合は，授業内容を自由に思い出してみて，お互いの不正確なところや抜け落ちているところを確かめ合うというものである。パートナーの支援で想起できた内容について詳しく述べるように学生に求めれば，学生たちは，クラスの他の人たちに対して，忘れたことや正しく思い出したことを認めるのは難しいことだとわかるかもしれない。

　発話思考による活動によって，宿題の課題に取り組むのが容易になるため，付

第 10 章　成績評価を行うべきか？　あるいは別の方法は？

加的なインセンティブがなくても，学生のやる気は高まるだろう。

ルーブリックを用いて成績評価を行うために

　ルーブリックを用いた成績評価に必要なことは，学生の取り組みを評価する
のに適した一定数の規準を選択することと，それぞれの規準（criterion）に対
して，異なるレベルの成果をとらえる明確な基準（standards）を設定すること
である。それぞれのレベルは，アルファベットの段階，特定の数字ないし得点
の範囲，質を表す記述語と対応づけられている必要がある。[191] ルーブリックを開
発するには，かなりの時間と思考を要するが，課題の大半が高次の思考を求め
るものであり，ルーブリックを用いた成績評価を行うほうが，多要素による成
績評価を行うよりも，格段に効率のよいものとなる。多要素によるタイプの成
績評価は，理想とする解答の各要素に配点を設け，その理想からのずれに対し
て減点をしていくという採点法である。しかしながら，高次の思考を求める課
題は，相当数かつ多種多様な取り組み方や解答，成果をともなうのが通常であ
る。[139]

　表 10.2 に示すように，本書でふれている自己調整学習の課題で，ルーブリッ
クを用いた成績評価を必要とするものは少なく，そのほとんどがコースの最後
に知識やスキルを自己評価するといった類のものである。第 2 章で説明してい
るように，コースの初めになされる自己評価は，コースのなかで身につけるべき
知識やスキルを含んでいる。それらは，学生に事前の知識を活性化させ，学習
の進行について予告し，学生がもっている誤概念が何で，学生自身がそれを知
っているのか，知らないのかについて教えてくれる。コースの終わりには，い
かに知識が身につき，思考が深まったのかどうかについて学生たちが理解する
うえで，この自己評価がベースラインとしての役割を果たす。最も単純な方法
の 1 つは，コースの内容の本質とその意義について，学生たちにふり返って書
かせることである。また，クラフトは，科学に関する文章で正確なもの，ある[102]
いは，不正確なものを学生たちに与えて，個人で省察したことを書かせる前に，
小グループでその文章を評価させている。グリフィスの方法は，コースの内容[77]
に焦点があり，一連のレポートの問いを学生に与えて答えさせている。同様に，

125

表 10.2　ルーブリックを用いた成績評価に適したもの

- 真正で曖昧な問題に関するメタ課題（思考の過程を説明するもの）——細目による成績評価にも適しているかもしれない

- サービス・ラーニング，フィールドワーク，インターンシップ，シミュレーション，ロールプレイといった体験学習についてふり返るメタ課題——細目による成績評価にも適しているかもしれない

- ポートフォリオに関するメタ課題（何らかの類いのもの）——細目による成績評価にも適しているかもしれない

- コースの知識やスキルについての自己評価（授業前の自分への手紙，あるいは，価値が加わった最終レポートなどのように，科目内容についてふり返って論述すること，あるいは，内容に焦点を絞って論述すること）——コースの終わりに

- 「将来の活用法」をまとめるレポート

コギシャルは，コースの内容に関する主題について「見通しのための評価」調査を実施している。学生たちは，特定の立場をとらなければならず，その正当性を主張することが求められる。^(私信, 2010 - 2011)

　これらの最初の自己評価は成績評価の対象としても意味はないが，コースの最後の自己評価は，内容に焦点が当てられているなら，成績評価の対象とすべきである。たとえば，学生の思考がいかに変化したかに関する分析とともに，科学や科目内容の本質についてふり返って書いてまとめる課題は，総仕上げ，ないしは，最終試験と同じ役割をもち得る。（あるいは，合否には直結しない論述の練習ともなるだろう。）グリフィスとコギシャルは，第2ラウンドとしての自己評価を最終試験とみなしている。グリフィスの学生は，新たな犯罪学の授業者としての役割を引き受けて，最初の自己評価を批評して訂正している。一方で，コギシャルの学生は，コースの内容から根拠を引き出して，自分の思考に変化があったのか，それはどのようであるかについて説明しつつ，もともとの返答について批評のうえ，書き直しをしている（価値が加わった最終レポート）。明らかに，最終試験と総仕上げの論述課題は，慎重な成績評価に値するもので，これらの実践で要求されている高次の思考は，ルーブリックによって最善な形で評価される。

ルーブリックで成績評価を行うことに意味のある自己調整学習に関する課題で，もう1つの例として，「将来の活用法」をまとめるレポートがあげられる。スビニッキー[*194]の様式では，コースで学んだスキルや概念のなかで最も重要なものを3つ取り上げて，将来どのように活用できるかについて説明するように学生に求めている。教員の指示によって，特定の産業や仕事，職業に対してさらに方向づけを行ってもよい。必ずしも長いものではないが，このような課題では，たいていの場合，『職業辞典（DOT）』，各組織による職務の説明，業界誌や雑誌などにあたってみたり，実際の実践家やコミュニティのメンバーに同意を得てインタビューを行ったりして調査研究論文としてまとめる。あらかじめ学生には成績評価のためのルーブリックが提示されるので，学生たちは自身の研究にねらいを定め，基準を満たそうとする。

　最後に，われわれが考えているのは，様々なメタ課題である。これらは，伝統的なルーブリックによる成績評価と，次節で取り上げる**細目による成績評価**（specifications grading）の中間にある選択肢である。これらのふり返りによるメタ課題は，真正で曖昧な問題の解決，サービス・ラーニング，フィールドワーク，インターンシップ，シミュレーション，ロールプレイ，何らかの類いのポートフォリオとかかわりがある。許容可能な質に複数のレベルが存在する，特定の定性的な規準に基づいて取り組みを評価したいのなら，ルーブリックが最も適している。別の言い方をすると，学生の成果が多様なレベルにあることを予期し，最高レベルではなくても，その取り組みも認めて単位を出したい場合である。確認してほしいことは，教員が想定するメタ課題が，この記述と合っているかどうかである。

　たとえば，真正で曖昧な問題の解決と合わせて行うのに最も適したふり返りは，問題解決にいかにたどり着いたかに関する記述的な分析である。学生たちが複雑な思考プロセスを自ら観察し，追跡し続ければ，不確実性が残るにしても，専門家が説得力のある結論にどのようにして行き着いたのかに関して，深い洞察を得ることができるはずである。このような記述的な分析を評価するには，特定の定性的な規準について明確にしておく必要があり，また，それらの規準に基づき，許容可能な質の複数のレベルを定義することが求められる。

　読者は，サービス・ラーニングの体験，フィールドワーク，インターンシップ，

シミュレーション，ロールプレイ，ポートフォリオに関するメタ課題についても，同様の疑問を抱くだろう。学生から引き出そうとするふり返りのタイプについて考えてみてほしい。メタ課題を授業のなかでの主要な取り組みとみなしているか？　このために特別な編成を行うことを考慮に入れているか？　学生が自らの経験をどのようにして授業科目の特定の内容と結び付けているのかについて知ろうとしているか？　学生が感情的ないし個人的なレベルでいかに成長したかよりも，認知的なレベルで学習した内容に関心があるか？　メタ課題を利用するのは，学生が１つ以上の認知的な学習成果を生み出したことに関して，それらがいかに適切なプロセスであったかを評価するためのものなのか？以上のような質問の大半に「そうだ」と答えられるなら，おそらく，取り組みの評価にあたってルーブリックを開発したほうがよい。しかしながら，体験学習やポートフォリオについてふり返りを行うメタ課題は，たとえそれらが長期にわたるものであったとしても，ルーブリックによって評価がなされないのが一般的である。[*193, 226, 227]

細目による成績評価を行うために

　細目（specifications or specs）による成績評価では，課題に対して１つ以上の必要条件を事前に考えておく。そして，学生の取り組みについて，すべての細目を満たしたときには，「合格」／「完全な単位取得」とし，もしも満たしていない場合には，「不合格」／「単位取得なし」として，評価を行うことになる。完全な単位取得が５ポイントなら，学生は５ポイントか０ポイントのいずれかの評価を受けることになる。部分的な単位取得というものはない。**細目（スペック）**[1] という用語は，ソフトウェア要求仕様書（の「仕様」という言葉）に由来する。プログラムは，特定の細目に対して検査が行われる。たとえば，プログラムが動くかどうか，想定されている課題を実行できるかどうか，一定のソースコードの長さや操作時間の要件を満たしているかどうかといったことである。すべての細目を満たしているのか，そうでないのか，いずれかしかない。もし

1　本書では specifications および specs の訳語を「仕様」ではなく「細目」とした。教育評価論の領域において「細目積み上げ式」という用語がある。評価に当たっての詳細な項目（細と目）のほうが「仕様」より日本語として理解が容易だと判断した。

第10章 成績評価を行うべきか？ あるいは別の方法は？

も満たしていないなら，プログラマは，最初から練り直しをすることになる。

　課題がきわめて詳細なものでない限り，細目はかなりシンプルなものになることが多い。たとえば，次のような要件である。完全であること，すべての指示に従っていること，すべての質問ないしプロンプト（手がかり）に答えていること，規定の長さであること，誠実な努力を示していることなどである。細目は，最低限度の望まれる内容として定義づけられるが，この最低限度というのは，C⁻レベルの評価として想定される内容よりも高いレベルのものであるかもしれない。細目による成績評価によって，ほとんどの自己調整学習の実践を迅速に評価することが可能となり，最終の成績評価としても考慮できる。カルマンが示している例では[97]，学生たちに教科書の各章を毎回，自由に書かせているが，完全なものだけを評価の対象としているので，すべてを取り上げることができる。全体としてコースの成績の20％に値するものとされている。

　学校教育において合／否という成績評価には歴史がある。1960年代と1970年代に一般的になったのは，基準を下回った場合に，悪い評価とするのが妥当であるというものである。（課題ではなく）コースの全体の学生らの成果について評価がなされ，合格レベルの典型としては，C⁻ないし70％とされることが多かった。学部学生を対象とした研究では，ほとんど例外なく，次のようなことを見いだしている。学生はコースに合格するのに必要な程度の努力しかしないので，こうした成績評価システムは，学生たちの動機づけや学習成果を抑制してしまっているということである[74,188,202]。もちろん，学生の側でのこのような反応は，理に適ったものではある。学生の一部には，合／否の評価を受けたコースのなかで学んだものはないと認めている者さえいた[99]。しかしながら，医学部の場合，結果はさらに複雑である。文字（ABCなど）の形で評定を受けたコースよりも，合／否の判定を受けたコースのほうが学生の学習成果が低いという知見を示している研究もあれば[116]，その一方で，同等ないしそれ以上の高い学習成果を報告している研究もある[203]。後者の学生たちのよかったこととして，プログラムにとても満足したこと[163]，ストレスの程度が低かったこと，集団凝集性[2]が高かったこと，精神的健康がよかったこと[166]などが明らかになっている。たとえそ

2　社会心理学の用語であり，そのメンバーを集団に留まらせようとする力の総体のこと。集団凝集性が高いと，団結力が強く，メンバーどうしで協力しあう傾向があり，目標の達成にも結びつきやすくなる。

うであったとしても，医学部学生の研究結果を，そのまま教育水準の低い対象に適用するのは難しいかもしれない。したがって，結論として慎重に考えれば，学部学生にとっては，従来の合／否による成績評価は，優れた成果を収めようとする学習意欲を低減してしまい，そのため，学業上の基準が下がってしまう可能性があるという。拡大して解釈すれば，おそらく，合／否による成績評価では，学生がより高次の思考を実践して高めていくということは難しいだろう。

　以上のことから，C⁻で合格レベルを設定しないほうがよい。B，B⁺，A⁻のレベルと同等に合格ラインを上げ，コースを完了することが，確かな内容とスキルの習得となるようにすることで，学業達成の基準を引き上げることが可能となる。このような考え方は，ひょっとすると過激なもののように聞こえるかもしれないが，そうではない。これは，「マスタリー・ラーニング」や「完全習得学習」という考え方が確証し，成し遂げてきたことである。[27,28]このモデルは，幼稚園から高校3年生までを対象にして開発され，そうした文脈において検証がなされてきた。直接指導からグループ活動，そして，個別学習にいたるまで，多様な指導法に基づいており，教員は授業を小さな系列からなる単位に分割する必要がある。伝統的な指導法と比べると，マスタリー・ラーニングのほうが，児童・生徒の学習支援において，有意に成功を導くということが明らかになっている。[106]

細目による成績評価の先行事例

　細目による成績評価を個々の課題やそのバリエーションに対して適用する実践は，学生の学習成果を高めていくうえでも効果があることが明らかになっている。デューク大学の英語の教授であるキャシー・デビッドソンは，[50]コースの課題に対して合／否の成績評価を導入し，学生たちにこれを実践させるという取り組みを行い，かなり好意的な形で記事にも取り上げられている。(たとえば，[92])彼女は，合格する基準として，細目を設定し，創造性を要する課題にも適用できるようにしている。2回目のチャンスとして，不合格となった課題をやり直すことも認めている。学生たちの最終的な成績評価は，1回目と2回目の提出で合格した課題の数が反映されるようになっている。デビッドソンは，自分の学生たちが一生懸命に取り組み，書く量も増えたと述べている。[107]クンケルの例は，**コンサルタント・ラーニング**とよばれている。普通にAを取得したときにのみ，課題が

第10章　成績評価を行うべきか？　あるいは別の方法は？

合格となり，単位が得られることになる。優れたものでなかったら単位は得られない。この単位を取得するには，課題でAに値する評価が得られるまで，やり直しをする必要がある。コースの終わりには，単位を受けた課題の比率に基づいて，最終的な成績評価を受けることになる。クンケルは，「本システムは学生に最善の努力をするように促し，将来の雇用主が求めるであろう基準を教えるものである」と述べている。ウェスタン・ガバナーズ大学（WGU）は，カリキュラムをオンラインのみで提供しており，1997年に設立されたときから，カリキュラムのすべてにわたって，合／否の基準が高く明確な課題による成績評価を取り入れている。このシステムは，WGUの「コンピテンシー・ベースの教育」の基盤となっている。学生が1つないしそれ以上の学習成果をどのくらい望ましい形で生み出しているかについて評価することを意図して，専門的にこれらの課題は開発されている。取り組みがBレベルないしそれ以上である場合にのみ，学生は合格となる[217]。そのような高い基準を学生に求め続けるのは，厳しすぎるのではないかと思われるかもしれないが，とりわけ医学，看護，工学のような領域によっては，かなり高いレベルのコンピテンシーを要件とすべきであり，回避できる人為的ミスのコストがとても高いという理由がある。

　合／否による成績評価は，その他の伝統的な授業科目においても，かなり一般的になされるようになってきている。学生が成績評価の機会を多く望んでいることに応えて，大学の教員たちは，単位とは直結しない多様な種類の宿題としての課題，授業内の実践，小テストなどを取り入れるようになってきており，教室における評価の方法（Classroom Assessment Technique, CAT），出席のインセンティブ，読みを確かなものとする手立てとして利用するようになってきている。カルマン[139][97]は，学生に毎回，教科書の各章について自由に書いてまとめさせる実践を行っている。これは，しっかり読ませるとともに，読みを通じた理解を高める効果も同時にもたらしている。授業者は，**合／否**という表現を用いないかもしれないが，学生がこのような取り組みを完遂すること，あるいは，誠実に努力をすることを条件にして，小さなポイントを付与することをよく行っている。取り組みが不完全であったり，努力しなかったり，あるいは，提出しなかったりすると，0ポイントとなり，合／否による成績評価に相当する実践が行われてきている。このような最も単純な形式での細目による成績評

価であっても，大半の学生たちにとっては動機づけとなり，課題を完成させようとし，授業にも出席し，資料を読もうとするようになる。[*97, 136]

　細目による成績評価は，1つの規準と2つのレベルからなるルーブリックに基づく評価システムとしてとらえることができる。この1つの規準は，複数の必要条件によって構成されているといえる。通常，ルーブリックといえば，それぞれの規準にそれぞれのレベルのパフォーマンスに関する記述があり，複数のレベルと複数の規準からなるものとして想定される。しかしながら，細目による成績評価の場合，記述のみが要件となっている質と量を表すことになる。取り組みあるいはパフォーマンスは，要件を満たしたり超えたりしていれば，「許容できる」／「満している」となり，そうでない場合は，「許容できない」／「満していない」となり，いずれかで評価される。

　細目による成績評価の別なやり方として，かなり典型的な多次元的なルーブリックも同様に用いられてきている。ヴェンディッティ[*201]は，学生たちに，クラスメートの前で説明したことをポートフォリオとしてまとめさせている。これは，1学期の期間を通じて行った口頭でのプレゼンテーションや論述した課題をまとめ直すものである。それぞれのポートフォリオは，4つの規準で成績評価がなされる。それは，完全であること（要件となっている項目のすべてが提出されていること），専門性，論述の質，口頭でのプレゼンテーションの長さと時間厳守の4つである。しかしながら，それぞれの規準には，2つのレベルしか存在しない。「満たしている」の場合，25ポイント，「満たしていない」の場合，0ポイントとなる。1つの規準でも満たしていない場合，最終的な評価はかなり低いものとなる。

　ヴェンディッティのように複数の規準によるルーブリックに基づいて合／否をつける成績評価を行うと，学生の動機づけが高まることがわかっている。[*161]その望ましい理由としては，学生が取り組んだように見せかけて，部分的にでも単位を得るということが期待できないためである。細目による評価では，部分的な単位取得というのは存在せず，あり／なしのいずれかである。課題の必要条件を満たすために，学生には特別の注意を払うことが求められる。というのは，課題自体がコースの成績評価のほんの一部だったとしても，（単位が取得できるか否かの）結果を左右する程度は，かなり高いものとなるからである。

第10章 成績評価を行うべきか？ あるいは別の方法は？

自己調整学習課題の細目による成績評価

　学生によるそれぞれの取り組みが，内容に焦点のある最終的な成績評価や総仕上げの課題に相当するものでない限り，自己調整学習スキルを高める論述などの活動は，細目による成績評価の対象として最も適したものといえる。学生が学習や課題に関する方略を計画し，自らの思考プロセスとその進展をモニターし評価できるように支援することを意図している。このような課題には，印刷物やオンラインでの情報源を探しても正解はなく，せいぜい，コースの内容と緩やかにつながっているという程度である。それでも，全般的な中身，長さ，期限内での提出，完全さに関しては，かなり明確な基準を設けることができる。表10.3にリストで示しているように，本書で取り上げてきている課題や活動のほぼ大半のものが，細目による成績評価が可能である。

　表中の最初の課題について取り上げてみよう。ここで想定されているのは，学ぶことや考えることそのものについて述べた短い読み物を学生に読ませたうえで，質問に対して答えさせるものである。それぞれの質問に対して少なくとも30語で答えて（そうでない質問も他にあるが），そして，期限内で提出できれば，課題は満たしていると定義づけることができる。また，課題を満たしているというのは，中心的テーマに実際に**迫れているか**ということであり，すべての問いに答えているかどうかである。取り組みがこれらの細目を満たしている限りにおいて，たとえば，5ポイント得るというように，完全な単位取得が可能となる。そうでない場合は，0ポイントとなる。

　コースの目標について論述することという，表中の次の課題についても同じ規則があてはまる。細目としてあげられるのは，提出する必要のある目標の最小限度の数と，おそらく，文章の全体の長さだろう。教員が望めば，目標のタイプ（学習目標，個人的な目標，成績評価の目標など）を指定することも可能である。「この授業科目でA評価を獲得するにはどうすればよいか」のレポートを学生に書かせるなら，ここでも，最小限度の長さを提示することができるし，学習方略，授業への出席，授業への参加，グループへの貢献など，受講生に求められる明確な責任を必ず含めるように学生たちに伝えることも可能である。いずれの場合も，課題は期限内に提出する必要がある。

　リスト内のふり返りの論述，問いに答える課題，メタ課題，学習ゲームの計画

133

表10.3 細目による成績評価に適したもの

- 学ぶことや考えることに関する読み物をもとにした質問への答えを論述によってまとめること

- コースの目標について論述すること

- 「この授業科目でA評価を獲得するにはどうすればよいか」のレポート——コースの初めに

- 自己調整学習スキルの自己評価（メタ認知的活動質問紙，メタ認知的気づき質問紙，人がいかに学ぶかに関する質問）——コースの初めと終わりに

- コースの知識やスキルについての自己評価（ふり返って論述すること，内容に焦点を絞って論述すること）——コースの初めに

- 知識に関する調査——コースの初めと終わりに

- 読み物，ビデオ，音声教材についてふり返って論述すること（人がいかに学ぶかに関する質問，学習のサイクルに関する質問，自由記述によるまとめ，個人的な感想，ミニッツ・ペーパー）

- 読み物，ビデオ，音声教材について，学習に関する質問や，ジャンル別の内容に関する質問に答えること（学生が作成するテストの問題を含む）

- 検索練習の小テスト，マインド・ダンプ（頭にあるものをすべて出すこと）

- 読み物，ビデオ，音声教材について視覚的に提示すること（マップ，図式，流れ図，表）

- 授業内容について学生がテストの質問を作成すること

- 授業のまとめのミニッツ・ペーパー

- 授業のまとめのRSQC2

- 授業のまとめのアクティブ・リスニング・チェック

- 授業内容について視覚的に表すこと（マップ，図式，流れ図，表）

- 数学に基づく問題に関するメタ課題（自信の評定，誤答分析）

- 真正で曖昧な問題に関するメタ課題（思考の過程を説明するもの）——ルーブリックによる成績評価も適している

第 10 章　成績評価を行うべきか？　あるいは別の方法は？

- サービス・ラーニング，フィールドワーク，シミュレーション，ロールプレイといった体験学習についてふり返るメタ課題——ルーブリックによる成績評価も適している

- 研究論文やプロジェクトについてのメタ課題（研究プロセスについての説明，問題を乗り越えること，スキルの獲得，取り組みの自己評価，自己の発達，見直しの計画，授業者からのフィードバックの言い換え，課題について次のクラスの人たちに向けての手紙）

- ポートフォリオに関するメタ課題（どんな種類でも）——ルーブリックによる成績評価も適している

- 試験の準備のための活動や課題（学生が作成するテストの質問，学生が制作するレビューシート／テストの計画案，テストの内容に関する知識の調査）

- 試験中の自信の評定

- 小テストないし試験のあとのふり返りや訂正の論述

- 試験の直後に自己評価をまとめること

- 次の試験に向けての学習ゲームの計画

- テストの分析

- 知識に関する頻繁な調査

- オンラインでのメタ認知に基づく頻繁な議論

- 学習に関して週ごとに記録をつけること

- 定期的にふり返って書いてまとめる課題

- 満足を後にとっておくことを促す論述課題

- 先延ばしに打ち克つための論述課題

- 「この授業科目でいかにして A をとったか？　あるいはそうでなかったか」のレポート——コースの終わりに

- スキルの表

- これから受講する人たちに向けての手紙

もすべて，同じような細目について考慮する必要がある。それは，完全さ，期限
内での提出，最小限度の長さであり，また，特定の中心的テーマや問いに迫れ
ているかどうかに関する必要条件を考慮すべきである。たとえば，先延ばしを
なかなか止められない人たちのためのバーンズによる5ステップの計画を，教[*40]
員が実際に学生に取り組ませて，そして，その努力の様子をモニターさせ，論
述によってまとめさせる。そして，その際，5つのステップをすべて完成しなけ
れば，単位を取得することはできない，と指示することができる。この5つの
ステップとしては，予期しない困難に出くわしたことの記録の継続，すべきこ
とを先延ばしにしないことの利得と損失のリストを保持しておくこと，主要な
課題（おそらく読者の授業では1つ）をステップに分けておくこと，否定的な
思考ややり方をモニターして抑えること，取り組んでいることを記録して自分
自身に報酬を与えること，などがあげられる。もしも学生にテストの問題を作
成させるとしたら，特定のタイプの質問を書かせるよう求めたり，ある種の認
知的スキルが評価できるようなものを作らせたりすることができるだろう。「メ
タ認知的気づき質問紙」のように，選択回答形式の質問項目による自己評価の
測定や，知識に関する調査において，専ら求められる細目としては，すべての
項目に応答すること（すなわち，完全さ）である。テストの分析，スキルの表，
その他の表形式の課題なども同様に，学生たちはすべての欄を適切な形で埋め
なければならない。

　読み物や授業内容を視覚的に表すことについては，別の種類の細目が必要に
なってくる。流れ図や図式であれば，最小限のステップ数，あるいは，過程や
サイクルが示されていなければならず，表の場合は，少なくとも行と列がかな
りの程度で備わっていないといけない，というように学生には指示することが
できるだろう。概念マップないしマインドマップのための基準を決めるのには，
やや複雑なところがある。1つの優れた得点化のモデルとして提案されている
ことをふまえれば，中心概念（通常は3つか4つ），概念／主題の間の関係の妥
当性，事例の妥当性，クロス・リンクの妥当性，これらに従って，最小限度の[*140]
レベルの数を設定することができる。

　細目を設定すると，細目による成績評価を実際に行うことが重要となる。課
題に関して，いったん細目を設定してしまうと，学生が提出した際に，これら

の特徴のみに目を向けることになる。必要条件を1つでも満たしてないことがわかれば，教員が**しなければならない**唯一のフィードバックは，このことを指摘することである。そのため，細目による評価は，迅速かつ効率的なものとなる。成績評価を行う時間がないからといって，労力のかかる課題を与えることを躊躇してはならない。もちろん，授業者の立場からすると，コメントをもっとたくさん書いて返したいと思うかもしれないが，成績評価の正当化には役に立たないだろう。コメントは，とりわけ優れた取り組みを承認するもので，学生が考えたことと授業者の考えが共有されるようなものとなる必要がある。そして，学生たちが自らの取り組みを向上させることを支援するようなものでなければならない。学生は教員の意図が純粋に教育的なものであることに気づき，フィードバックをより受け入れるようになっていくだろう。

細目による成績評価のさらに広い範囲での利用

すでに見てきたように，細目による成績評価が利用できる対象としては，自己調整学習の成果，あるいは，他の種類の副次的な課題に限定されるものではない。この副次的な課題には，主要な課題に明確に準拠したものや，それを補足するものなどが該当する。実際に，C.デビッドソン[50]は，かなりの創造性を要する課題に関する細目を開発している。教員は創造的な活動に関して，媒体によらない，あるいは，創造性を抑制しない基準を容易に設定することができる——たとえば，長さ（書かれたものでも実演されたことでも），目的，対象とする聴衆などである——そして，学生の学習成果に関しては，別の規準が必要な場面もある。C.デビッドソン[50]，クンケル[107]，ウェスタン・ガバナーズ大学[217]，ヴェンディッティ[201]は，伝統的な課題に対しても細目による成績評価を適用している。ひょっとすると，読者の伝統的な課題のすべて，あるいは，いくらかの部分に対して利用できるのではないだろうか。

前節において，ソフトウェア・プログラムは特定の細目（スペック）を検査する必要があるという例を出して説明をしたので，もしかすると，読者は細目による成績評価という考え方について好意的には受け止めていないかもしれない。それぞれの学問分野での学生の取り組みを，ほとんどすでに決まったものとして，あるいは，細目にまとめられるようなものとしては，考えていないかも

しれない。しかしながら，研究論文，修辞法の作文，実験レポートなど，学生が取り組む課題の大半は，規定や雛型に従ったものである。授業者の立場として，課題を成功裡に完成させることが重要だと考える限り，学生たちに対しては，この規定について詳細に説明できるはずである。学生が，構成，長さ，引用に関する規定に従っており，そして，取り組みを評価するその他の規準のすべてに関してもそうであれば，課題の基礎的な基準を満たしており，完全な単位取得とするべきである。反対に，規定に従っていなかったら，単位取得は認めるべきでない。

　このタイプの成績評価は，基準を相当に高めにおくものであろうから，学生は速やかに指示に沿って，細目を満たすことを学ぶであろう。もちろん，受理できなかった取り組みについても，同じように学生にやり直しをさせることを認めたいと考えるかもしれない。そして，また，このタイプの成績評価は，教員に対しても高い基準を求めるものになるだろう。というのは，学生たちが課題において行うべきことを**正確**に理解できるように，具体的な指示内容，規準，期待されることについて，明確に伝える必要があるからである。伝統的な成績評価システムでは，ここまでの明確さは求められてこなかった。ルーブリックを導入するときにのみ，取り組みを評価するための質のレベルに関する記述と明確な規準とを提示することが求められてきたのである。

　多様な学問分野に共通する課題の例として，文献のレビューをまとめる課題を取り上げて見ていくことにしたい。おそらく，これは，修辞法としての論証，提言，調査研究などの基礎として与えられる課題である。学生たちにこのような課題を提示するときに，学術的な水準からして**よい**文献レビューとみなされるものを書いてほしいと望むだろう。しかしながら，伝統的な方法でこれらのレビューについて成績評価を行うと，「よい」とされる内容には満たない取り組みであっても，それを受け入れて，部分的な単位を与えようとするはずである。さらにあり得る方法は，4ないし5段階のルーブリックを用いて評価することである。最上の段階は，「よい」とされるレビューに関する規準によって，具体的に提示されることになる。たとえば，第1段落では問題について説明していること，そのあとに続く段落では同様の主張をしている文献を集めてまとめていること，先行研究で一貫しない知見や論争がよくわかる構成となってい

と，引用文献に関する規定の数，どのような種類の出典か（学術誌，書籍，政府刊行物など），規定の文字数などである。教員が採用している基準しだいではあるが，次の段階では，よいレビューであると想定される質が提案される場合もあるし，そうでない場合もあり得るかもしれない。後者の場合，その課題のルーブリックの最上の段階は，教員の細目のリストを提供する。第2の段階にあたる質のものが，依然として十分に受け入れられるものであったとしたら，次に第3段階を検討することになる。この第3の段階は，学生に提出してほしい中身ではない可能性がある。複数のレベルからなるルーブリックに基づいて成績評価を行うと，この第3段階での取り組みに対しても部分的な単位を与えていくことになるだろう。実際のところ満足できるものではないと知りながら，これを行うことになり，結局のところ，評価に値するような学習成果をあげたということにはならないだろう。これが事実であるなら，どうして許容できない取り組みを受け入れてしまうのか？　どうして何らかの形で単位を与えてしまうのか？　細目による成績評価では，関連の深い成果を達成したことを表す本当に満足のいく取り組みだけが要件として掲げられており，これを実現した場合にのみ，完全な単位取得が認められることになる。

　学生によるこれ以外の共通した課題についても，規定や雛型に従うものであるため，同じように「よい」が何を意味するのか，容易に定義づけることができる。たとえば，ビジネス・メモ，ビジネスの提案書，企画書，財務報告書，年次報告書，新聞発表，所信表明，履歴書，エンジニアリング・デザイン，あらゆるタイプの技術資料，ほとんどのタイプの口頭発表（セールス，マーケティング，財務，説得，情報提供など）である。

　伝統的な成績評価のシステムでは，授業者が学生に何を期待しているかについて説明を行うにあたって，本来，必要とすべき詳細な内容を十分には伝えていないことが多い。さらには，注意深く課題に取り組まなかったとしても，かなり気前よく部分的に単位を与えてくれるものと学生は期待しているので，授業者がどんなことを提示しようが，そのことに注意を払おうとする気持ちはほとんどない。そのために，授業者は，学生が提出したものはどのようなものでも受け取って成績評価をつけることになり，そして部分的な単位にどの程度の価値があるかを決定するのに多くの時間を費やすことになる。すべての誤りや記

入漏れをマークして，減点したところについて長々と自己正当化の説明を書くことになるのである。学生の取り組みはかなり広く，質にばらつきがあるのは不思議ではない。授業者は，学生たちを優れた取り組みに向かわせるよう，動機づけていない。おそらく，本当に優れたとは言えないにしても，よい取り組みを代表する明確な基準をもとにして，学生たちの取り組みに対して細目による成績評価を行えば，動機づけを促せるだろう。

自己調整学習の課題は，どの程度，価値があるのか

　この章の初めに，次のようなことを述べた。自己調整学習を促す課題は，最終的な成績評価に向けて何らかの価値を備えている必要があり，さもなければ，学生は，授業者がこれを重視していないと考えるだろう。しかし，正確にどのくらい価値があるかは，課題の数や必要とする時間と労力によって異なってくる。知識に関する調査やメタ認知的スキルの自己評価尺度を実施する場合のように，書くことを求めない授業内での1回だけの活動であれば，これは，授業のなかのたった5分から20分のことだろう。したがって，コースの初めか終わり，あるいは，両時点で，学生が取り組んだとしても，その価値は，最終的な成績評価の1%にも満たないはずである。若干価値が高いのは，一度限りのコース開始時の課題である。それは，学習や思考に関する記事の質問に答えたり，コースの目標を設定したり，「この授業科目でA評価を獲得するにはどうすればよいか」を説明したり，科目内容の本質についてふり返るなどの課題である。これらの課題は，本物の思考を必要とするが，必ずしも多量の論述を必要とするものではない。そのため，成績評価の1%程度の価値があるというのが適当なところであろう。もしも「この授業科目でA評価を獲得するにはどうすればよいか」を，もう1度，取り上げて，実際にAをとったこと，あるいは，とれなかったことについて，コースの終わりに自己評価させれば，この第2のレポートは，同等かわずかに高い価値をもつものといえる。コースの終わりの課題として，科目内容の本質について，再度，ふり返りをさせれば，かなり長く豊かな記述でまとめることができ，以前持っていた誤概念も修正することができるはずである。したがって，第1のふり返りよりも第2のふり返りのほう

第10章 成績評価を行うべきか？ あるいは別の方法は？

が，価値づけがなされるべきで，おそらくコースの成績評価の10％に相当する。

　学生が制作するレビューシート，試験中の自信の評定，試験のあとのふり返りと訂正，試験の直後の自己評価，学習ゲームの計画，テストの分析など，試験に関連のある論述を求める課題は，試験の得点と結びつけたいと思うかもしれない。別の言い方をすれば，誠実に完成させたものを提出した学生には，試験の点数に小さな割合でも加点できないか，ということである。たとえば，試験が合計で50ポイントに値するとすれば，指定されたものが何であれ，1から5ポイントを与えることができるだろう。試験の成績がよかった者は，試験のあとの課題で取り組むべきことがあまりないので，この試験の合計ポイント（この例では50）に上限を設定しておきたいところかもしれない。

　読み物，ビデオ，音声教材，授業に関連した論述の課題にどのくらいの価値があるかは，学生が関与する時間と労力がどの程度であるかによって異なってくる。授業の最後になされる短いふり返り，アクティブ・リスニング・チェック，RSQC2の実践，ミニッツ・ペーパーは，即座にできる，労力のかからない活動である。そのため，定期的に1つ以上の論述課題を学生に与えたとして，これらをすべて合わせても成績評価の10％相当というのが適当なところである。この読み物に関連した課題と似たものをポールソンが有機化学の授業で実施している。その受講生たちは，授業のなかでその日の読み物についてかなり易しい質問に答えるが，これはまさに読み物に取り組んだということを示すため，それらの返答をすべて合わせて成績評価の10％に相当するとしている。アイヴズ・アラウホが物理学の受講生に課しているふり返りの質問は，わずかながら要求されているものが大きいといえる。これは教科書のなかの最も興味のあった部分，難しかったり混乱したりした部分は何だったかについて問うものである。アラウホは，学生の答えをすべて合わせて成績の15％として評価している。おそらくわれわれが見てきたなかで最も実質的に読むことを包括的に指導している（読みのラッパー）のは，カルマンによるもので，1学期の期間にわたって物理学の受講生に相当の時間とエネルギーを要求している。教科書のすべての章について，それぞれ重要な部分を自由に書かせているが，混乱した点と質問を走り書きさせて，最後に要約を書かせている。これらの課題は合計でコースの成績評価の20％に相当するとしており，これは妥当なものと思わ

141

れる。ただ，学生がしっかりと読んでいるかということについては考慮をしておいたほうがよいだろう。というのは，学生によっては，課題に取り組んだことに関して説明をする義務がなければ，読み飛ばしをする可能性があるためである。

　読みやビデオ，音声教材，授業に関連した大半の課題に比べて高い価値があるのは，学習について週ごとに記録をつけること，オンラインでのメタ認知に基づく議論，不定期にふり返って論述する課題，学生が作成するテストの問題で，これらは細目のすべてを満たすことが想定されている。基準や頻度が高い場合，これらの課題は合計で成績評価の20％程度に相当するというのが妥当だろう。

　主要な学習経験や成果と結びついている様々なふり返りによるメタ課題は，要求されるものが格段に大きく，また，それだけ高い価値をもつ可能性がある。たとえば，真正で曖昧な問題の解決，サービス・ラーニング，フィールドワーク，シミュレーション，ロールプレイ，研究論文，プロジェクト，ポートフォリオなどである。これらのメタ課題に必要なことは，自らの認知過程と多くの場合には感情過程についても，注意深く観察をし，モニタリングすることであり，さらには，課題を整理したり問題を乗り越えたりするための方略も必要になってくる。必然的に，自己の学習過程，成果，スキル，成長について入念に自己評価することも求められる。このような挑戦し甲斐のある取り組みは，おそらく今まで以上の深い内省レベルでの自己分析に学生たちを向かわせることになる。そのうえ，このように複雑なふり返りに関して，学生には言葉にして表現することが求められるのである。促し方によっては，3〜5ページ，あるいは，それ以上の分量にすぐになってしまう。語調，構成，技法について注意を払い，正式な形式で文章を書かなければならない。正規の課題が，研究論文，プロジェクト，ポートフォリオ，PBL（problem-based learning）の分析などのように，明確に成果が評価できるものであれば，ふり返りによるメタ課題のほうは，最終の成績評価の割合からみて，正規のものの半分程度の価値があるとみなすのが適切であろう。正規の課題が，サービス・ラーニング，フィールドワーク，シミュレーション，ロールプレイなどのように，明確な評価が難しい体験活動である場合，合わせて実施されるメタ課題を，課題の全体としての価

第 10 章　成績評価を行うべきか？　あるいは別の方法は？

値を有するものとみなしてもよいだろう。

　本節では，本書で示した自己調整学習を促す課題のほとんどすべてのものを取り上げて，最終の成績評価における価値について検討してきた。ここで取り上げなかった他の課題が，コースの成績評価においてどのような価値があるのかを判断していくにあたっては，ここまでに提示してきた具体例の多くが，そのまま，従うべき範囲を示唆しており，参考にするとよいだろう。

必要最小限の成績評価

　自己調整学習のための活動や課題によって，余分な成績評価が必要となり，授業者への負担が大きくなるようではいけない。伝統的な成績評価を必要とするのは，最終試験，あるいは，研究をもとにした最終論文のようなもののみでよい。書面の成果（written product）を生み出さない個人での活動や小集団活動，クラス全体での活動（たとえば，議論や，授業の小休止としての活動など）は，成績評価を行う必要がない。期限内での提出，誠実な対応（問題や課題に取り組むこと），最小限度の長さ（課題が 1 つの場合），完全さ，これらだけが必要条件となるため，他の自己調整学習の課題はすべて，細目によってきわめて迅速に成績評価が可能となる。提出が遅れたものを受け取る必要はないし，具体的なフィードバックを行う必要もなく，部分的な単位を出す必要もないのである。授業者がこれらの課題に対して適度な時間を費やすことで，学生の学習やメタ認知を促し，生産性を高めることが期待できるようになる，そういうことを考えておくべきである。

　創造的な課題や標準的な課題を評価する際にも，細目による成績評価が可能であるということを心にとどめておくべきである。時間が非常に限られる場合でも，事前に計画を立てて細目をあらかじめ準備しておけるなら，結局のところ，学期の間に費やす成績評価のための時間はかなり節約できる。許容できる取り組みについて 1 つのレベルでのみ説明ができればよいので，複数のレベルのルーブリックを作成する作業と比べると，時間も労力も少なくて済むはずである。

第11章
自己調整学習をコースデザインに統合するように計画すること

　本章では，どんなコースであっても自己調整学習を授業デザインに統合する方法を考えていこう。教員であれば，初めに，その方法を考えていくと思うが，自己調整学習をコースデザインに取り入れ，よい結果を得て，確信を高めるに従い，そうした統合の方法をさらに学んでいくことになるだろう。

　読者は本書がコースで学生に課す活動や課題が載っている手軽な概説書と考えるかもしれないし，ある見方では確かにその通りである。また本書を様々な教員が学生に対して試み，検証し，そして見つけてきた効果的な授業方法についてのカタログと見なすこともできる。その効果的な授業方法とは，学習目標を設定する方法，学習目標に向けての学生の進捗を評価する方法，知識の処理と貯蔵，学生が自分の思考を観察し評価する方法，学生が課題や試験からより多くのことを学ぶ方法，そして学生がコースで成功するように自分を鍛える方法などである。まず，最も使えそうだと思う1つ2つの手法だけを特定の授業で試し，学生のパフォーマンスを見て，それらの効果を確認するとよい。おそらく，次にコースを担当するときには，最も効果的であった手法だけを残して，他の手法を試すだろう。

　しかし，本書にはカタログ以上のきわめて大きな価値がある。本書は様々な建築材料が配列されている建築現場のようなもので，学生に価値ある学習経験をもたらすことができると考えてほしい。本書に載っている言葉を，コースデザインに自己調整学習を取り入れるための語りかけと思って耳を傾けてほしい。手に入るコースデザインに関する本の多くは，学習成果を獲得するうえで必要

となる基礎を学生に身につけさせることを推奨する。ここでの学習成果とは，学生がコースの内容を理解し，またそのコースにかかわる学問分野のスキルを獲得することである。さらに，それらの本では，コースで行うアセスメント（学習した結果や習得した程度を測るもの）に対して学生がよいパフォーマンスを示すように学習経験を積ませることをすすめる。しかし，これらの学習成果を習得するためには，どのようなスキルが必要になるだろうか——すなわちコースの内容や，それらのスキルについて「学ぶことの学習」ということであり，学習の成果を達成する方法そのものを学ぶということである。学び方を学ぶこと自体が学習の成果なのである。それはきわめて本質的なものであり，究極の生涯学習スキルでもある。[*69] 単に試験や課題をきちんとやっていたとしても，それは，学生がその試験や課題を通して学び方そのものを本当に学んだということを必ずしも意味しない。学生は，自分が何をしているのかほとんど理解せずにやることをやっているにすぎないのかもしれないし，それにもかかわらず，多くの問題解決のコースにおける試験に合格するかもしれない。そういった学生は，コースで扱う内容やスキルを学ぶ方法を学んでいないので，その後の学科の授業科目できっと苦労するに違いない。

　ではなぜ，専門分野にかかわるコースと並行して，自己調整学習を獲得させるコースをもっと増やさないのだろうか。最後の章に示すが，ヴィルト，パーキンスやジマーマンなど自己調整学習を積極的に導入している研究者は，そのことを推奨しているし，実際にそうしている。発達心理学者のモニシャ・パスパシー博士のように，[*149] われわれが予想もしなかった分野の研究者からもそれは支持を得ている。彼女はティーチング・カンパニーが提供するビデオコンテンツの科目『**われわれはどのように学ぶのか（*How we learn*）**』を担当している。自己調整学習の活動や課題は，コースのあらゆる場面に応用できる。たとえば，学生を教材に向かわせること，授業外での読書・ビデオ・音声教材による学習，講義や授業での活動，課題解決・書くこと・それ以外の宿題の課題，そして小テストや試験，単元，モジュール，ベンチマーク，コースを締めくくるときなど，コースで学生に内容をしっかりと学ばせなければならない場面で応用することができる。自己調整学習の活動や課題を少しでもコースに取り入れているなら，自己調整学習によって達成される学習成果が学生にとって役に立つとい

うことをはっきりと示す必要がある。

　不幸なことに，多くの大学教員は授業での学生グループに対しても同様の教授方略を用いる。たとえば，グループ・プロジェクト，プレゼンテーション，レポート，ケーススタディの分析といったものを課すのである。しかし，コースデザインやシラバスには，社会的な学習成果が含まれていない。これを見落としたために，リーダーシップ，交渉，紛争解決，建設的な批判を他者に伝え，また受け入れるといったきわめて重要な社会的スキルを学生はまだ学んでいる最中であることを教員は忘れているのかもしれない。そのため，学生にはこれらの「ソフトスキル」に関して，しっかりとした訓練とフィードバックが必要になる。「ソフトスキル」を学習成果として明確に示さない教員は，学生がこれらのチーム力を向上させる貴重な機会を不注意にも逃している可能性がある。

負担になる？

　アイデアとしてコースに何かを加えようとすると，たいてい2つのことが足かせになる。1つ目は，成績評価が負担になるという懸念である。幸い，10章ですすめた自己調整学習の活動のほとんどすべてを細目で評価する方法，あるいは自己調整学習の活動をあえて評価をしない方法は，その負担をなくすものである。2つ目にあり得るのは，自己調整学習を教えることによって授業で教えるべき内容を圧迫してしまうのではないか，という懸念である。すなわち，自己調整学習を学習目標に組み込むことは，授業の内容を理解するうえで学生が使う貴重な時間や努力を奪うことになるのではないか，という疑問を読者はもつかもしれない。そんなことは決してない。ここで検討してきたほとんどの自己調整学習の活動や課題は，授業の内容に焦点を当てたもの（いくつかは最終試験として用いたとしても適切であったこと），あるいは読書，講義，研究論文，プロジェクト，体験活動，試験などであり，これらは常に授業の内容に焦点を当てた課題や活動を網羅したものであったことを思い出してほしい。授業中に行われるこれらの課題や活動は，講義の途中で学生を積極的にする活動や教室における評価の方法（Classroom Assessment Technique, CAT）のようにそれほど時間をとらないし，学生がコースで学ぶべき内容を学ぶうえで役に立つ

ものばかりである。授業外も含んだ自己調整学習の課題や活動は，少し時間がかかるだろうが，それほど大変ではないし，たいていの場合，学生は自分自身について何かを学ぶことになり，通常はそれは価値のあることである。さらに，ほとんどのラッパー（wrappers）はコースの内容を充実させることにもつながる。

　次に取り上げているものは，コースの内容とは切り離した課題や活動のリストである。最初の４つは，教員と学生が実際にコースの内容にかかわる前，すなわちコースの初回に行うものである。最後の２つは，コースの内容が終わった後に最後の課題として行うのが通例である。中間の６つの活動は，コースの間に行うように考えられており，授業の時間ではなく宿題として行うものである。

- 学習や思考に関する読み物をもとにした問いへの答えの議論や論述
- コースの目標についての論述
- 「この授業科目でどのようにして A 評価を獲得したのか」のレポート
- 自己調整学習スキルの自己評価

- 次の試験に向けての学習ゲームの計画
- 頻繁なオンラインでのメタ認知に基づく議論
- 学習に関して週ごとに記録をつけること
- 定期的にふり返って書いてまとめる課題
- 満足を後にとっておくことを促す論述課題
- 先延ばしに打ち克つための論述課題

- 「このコースでいかにして A をとったか？　あるいはそうでなかったか」のレポート
- これから受講する人たちに向けての手紙

コースの内容と強く関連するか否かにかかわらず，学生は，自己調整学習の活動や課題によって，自分がコースの内容をどのようにうまく学んできたのか，

第 11 章　自己調整学習をコースデザインに統合するように計画すること

どのようにしてコースの内容をさらによく学ぶことができるのかということに気づく一方で，教員は貴重な教室の評価を得られる。

　第 2 章で述べたように，ピントリッチ[155]は，学生の自己調整学習スキルを伸ばすという教員の意図とそのための方法を明確にすべきだと主張する。学生にそうさせることは，自己調整学習とかかわる課題のなかで最も授業時間を使うことになるかもしれない。なぜなら，自己調整学習の概念とは何か，それとかかわる活動や課題が学生の自己調整学習スキルをどのように高め，学生のパフォーマンスをどのように向上させるかということを学生に説明することになるからである。地質学のコースにおいて，パーキンスは，授業の時間の約 10% を自己調整学習とコースでの学習方法を議論することに使うというが，そんなに多くの時間をかける必要はない。学生の意識を自己調整学習スキルに向けるには，平均して授業時間の数分を使えば十分である。
（私信, 2012 年 12 月 8 日）

　3 つ目に，学生の自己調整学習スキルの伸長を重視していくにあたって，学生に宿題を出しすぎではないか，という懸念もあり得るかもしれない。くり返して述べるが，これらの課題は時間の浪費とはならない。むしろ，重要なことは，これまでの研究で，今日の学生が宿題に多くの時間をかけず，努力もしないということが明らかになっていることである。とりわけ，全日制の学生が授業外の課題にかける時間は平均して週にたった 15 時間——3 単位のコース当たりで約 3 時間——にすぎず，これは学生が仕事を持っているか否かにはかかわらない[12]。学生はもっとできるはずである——一部の学生はさらにできるはずである。大半の学生，とくにより若い世代の学生は，ほとんど宿題をしないでもよい成績が得られるという育ち方をしており，そのため，大学でそれほど努力する必要がないと考え，浅いレベルでの学びに慣れてしまっている。対照的に，深いレベルでの学びは，理解すること，思い出すこと，間違いの原因を自己検証することに時間と労力がかかる。自己調整の活動は，そういった深い学びに学生を直接向きあわせる。ひょっとすると，以前から学生に章の要約を書かせたり，頻繁に小テストを実施したり，質問に答えさせたりするといった活動や課題をさせてきたのかもしれないが，それらは学生の学びを十分に伸ばしていなかったのかもしれない。もしそうなら，それらの課題を自己調整学習をともなう活動や課題に置き換え，結果を確認してみてほしい。

始めること

　小さなことから始めてみよう。最もよいのは，学生のパフォーマンスが非常に低いコースで自己調整学習の活動や課題を実践することかもしれない。そのようなコースで実践すると，その効果が顕著に表れるはずだからだ。しかし，その前に，自分のコースがどれだけ円滑に，問題なく進んでいるかを確認しよう。コースに自己調整学習を統合することは，ちょっとした間違いも大きな問題につながるからである。

　ここで，学生の自己調整学習を生み出す最良のプランを阻害し得る，あるいは，その可能性のあるコースの構成要素に関する問題の例をいくつか示そう。もし，読み物，ビデオ，音声教材の課題の内容が学生にとって難しすぎるのなら，それらを読むことを通じてまとめるというラッパーはほとんど役に立たない。また，もし授業の重要なポイントが同僚にとってさえ理解することが難しく，その内容が整理されていないまま授業が行われているとしたら，まさにアクティブ・リスニング・チェックが機能せず，ミニッツ・ペーパー，視覚的プレゼンテーション，RSQC2 は，いっそう学生の学びを促すことはないだろう。もし授業の時間がうまく管理されていなければ，発話思考や上述の方法など，授業のなかでの活動が成立することはないだろう。もし試験問題が曖昧でよく考えられておらず，またつまらないことに焦点を当てていたなら，試験を通じた自己調整の包括的支援（ラッパー）を行ったとしても，学生は自身の間違いからほとんど何も学ばない。結局，課題の方向性，ルーブリック，フィードバックが十分でない，もしくはその意図が学生に十分に伝わっていないならば，自己調整学習の課題として出されるメタ課題は，学生の計画，自己モニタリング，自己評価，あるいは他のメタ認知的スキルを伸ばすものとならない。要するに，自己調整学習を思い切って取り入れようと考えている授業者は，自分がどのように教え，授業を行っているのか，学生の課題への取り組みをどのように評価し，保証しているのかをしっかりと自覚しておく必要がある。

　この節では，学生が達成すべきいくつかの自己調整学習の学習成果を最初に明確にしておこう。読者は，意思決定を行う際にそれらの学習成果を指針として用い，そのうえで次の自己調整学習の活動や課題からいくつかを選んでほし

い。これらの課題は，最初の授業で取り入れるものとして推奨するものであり，簡単に実行できるし，非常に有効なものである。

成果とシラバス

　学生の学習成果に，適切な自己調整学習の成果が含まれていることを確認してほしい。これらはあくまで例ではあるが，改訂したコースの終わりまでに，次のうちどのことが学生にできるようになってほしいと思うだろうか？

- 学ぶとはどういうことか，また，学ぶことに対する以前の考えと今の考えはどのように違うのかを説明すること
- このコースでうまくやるために必要な行動を計画し，しっかりと確認すること
- コースにおける自らの学習目標を設定すること
- コースの目標に対する自らの進捗状況を定期的に評価すること
- 読み物，ビデオ，音声教材，実際の講義における重要な点を正確に要約し，覚えておくこと
- 以下の活動に対する自らの思考や感情的反応を注意深く観察し，評価すること。課題の解決，研究の遂行，研究論文の執筆，プロジェクトへの取り組み，サービスの実行，シミュレーションの協議，ロールプレイ，フィールドワークの実行，現実の仕事のなかの取り組み，自らの成果についての自己評価など
- 時間を有効に使い，スケジュールを管理することで，自己規律を実践し，満足を後にとっておくようにすること
- 試験や重要な課題に対するパフォーマンス目標を設定すること
- さらに効果的な試験勉強をすること
- うまくいかない学習方略をやめ，もっとうまくいくような学習方略を用いるようにすること
- 最初の自己評価ではうまくやれそうにないような課題や問題に取り組むこと
- 予定されている小テスト，試験あるいは宿題で出された問題に対する自ら

のパフォーマンスについて，過信せずに，正確に予測すること
- 教員や友人からのフィードバックを正確に解釈すること
- 教員や友人からのアドバイスによって立てた計画に沿って自らの取り組みを修正すること
- どのようにして自らの成績評価が得られたのかを説明すること
- 学習方略や努力と宿題，小テスト，試験でのパフォーマンスとの間の関連を説明すること
- コースを通して獲得し，あるいは洗練されたスキルとそれらが有用である文脈について説明すること
- コースをとった結果として，自分たちの価値，信念，態度，行動，思考様式，証拠の基準，現象の理解がどのように変わったのかを説明すること

　まず，本当に重要な成果をいくつか選ぶなり適用するなりし，自己調整学習の活動や課題をコースに取り入れる際の指針として役立てるようにしてほしい。そして，コースで行う調査，質問，教示から成果を得るにあたって，コースにおける活動や課題が助けになるということを学生に伝えるとよい。学生に問題を定義づける際に論拠を述べさせること，どの原理や概念を適用するか決めさせること，他の解決策を探し，評価することの成果として，こうした能力が身につく。自己調整学習の活動や課題の目的は非常に明確でわかりやすい。

　コースの内容やスキルに関した成果に沿って，自己調整学習の成果をシラバスに列挙してほしい。シラバスのなかで，自己調整学習とは何かについて定義づけを行い，そしてそれがコース全体の学習にどのように影響を及ぼすかについて説明できるよう書くスペースを空けておくのもよいかもしれない。それは学ぶということを学ぶことであり，多くの認知，感情，行動スキルがかかわっているが，われわれは，これをめったに教えたり話したりすることはないが，これらのスキルは，自分のキャリアをどのように定めていようとも，生涯にわたる学びに役立つということを，シラバスや口頭で学生に伝えるとよい。結局，訓練や教育を必要とするすべての職業は，変化し続け，新しい情報や知識，スキルを必要とする一方で，それらを必要とする未だ想像もできない職業によって置き換えられ，なくなってしまうこともある。生きるため，一人でも成長でき

第 11 章　自己調整学習をコースデザインに統合するように計画すること

るようになるために学び続けなければならないことを学生に伝えるとよい。雇用者は学ぶべき内容を示してくれるかもしれないが，それをどのように学ぶかは教えてくれない。うまくいけば，教員は自己調整学習の概念を学生に納得させることができるのである。

コースを開講すること

　自己調整学習をコースに取り入れるのは簡単だと思ったとしても，まずは学生の自己調整学習の理解を助ける簡単な活動や課題を 1 つぐらいコースに入れることから始めよう。学生にリームンソンの小論，"*Learning (your first job)* (学ぶこと〈あなたが最初にすべきこと〉)"[*112] を読ませ，それからそれに対する答えを書かせたり（細目による評価がなされるように），あるいは，授業で議論させたりすることは，学生に自己調整学習スキルを獲得させるうえで非常に効果があるだろう。その小論はたった 12 ページで，読みやすく，講義の聞き方のアドバイス，ノートのとり方，時間管理の方法，教材への興味のもち方，試験準備のしかた，さらには脳科学，様々な認知操作，学習に必要な取り組みのすべてについての情報が記載されており，非常に実践的である。この読書課題は，学ぶというのは実際のところどういうことかを学生に理解させ，誤概念を払拭するものである。

　コースの内容とは関係なく用いることが可能で，かつコースの最後にくり返し行える別の簡単な課題は，目標設定のレポート，すなわち「私はこのコースでどのようにして A 評価を獲得したのか」ということを学生に書かせることである。これらのレポートを学習管理システム（LMS）に投稿することができるし，学生にそれらを読ませることもできる（学生に応じてもらう手立てがなくても，おそらく行うだろう）。あるいはそれをトピックにして授業で議論をさせることもできる。この課題は，よい成績をとるために何をしなければならないのかを学生に理解させ，自分たちのパフォーマンスに対する責任感を学生にもたせ，そしてコースでうまくやるための洞察を学生に行わせるうえで役に立つはずである。

課題としての読書，ビデオ，音声教材

　通常の大学レベルでの教員の場合，コースの読書課題にはかなり多くの学ぶべき内容が含まれている——反転授業を行っているならビデオ，音声教材がそれらに相当する。教員は，学生がこれらの宿題にきちんと取り組むことを間違いなく望んでいるし，それゆえ，学生に宿題に対する責任を負わせる必要がある。なぜ，学生の自己調整学習の効果を上げるこれらの手立てを用いないのだろうか？

　課題として出された読書，ビデオ，音声教材についてのふり返りの文章を学生に定期的に書かせることは，シンプルではあるが，学生が応じることを保証する学習効果の高い自己調整学習の課題である。そういったふり返りを行うことを推奨する研究者はヴィルト[210]，カルマン[97]，ビーン[20]らであり，彼らはそれを「学習ログ（learning logs）」とよんでいる。たとえばヴィルト[210]は，ふり返りを通して，読書課題のなかで最も重要と思ったこと，最も驚いたこと，悩んだこととその理由を学生にしっかりと確認させる。第3章で述べたように，これらのふり返りは，彼が学生にやらせた他の多くのどんな自己調整学習の課題よりも，コースの成績と強い相関関係にある（$r=.86$）。常によく考えてこれらのふり返りに取り組んでいる学生は，試験を含め，成績評価にかかわるすべての課題がよくできる。ふり返りは，学生に単に文章を読む機会を提供しているのではなく，最も重要な点に気づかせ，その内容に対して自分の感情がどう動くかを確認させ，彼らに自分たちの理解の程度をモニタリングさせる機会を提供する。さらにヴィルトは，これらのふり返りをオンライン上で集め，次の授業の短い講義や学生が活動する際に話す。彼は，学生が理解していないことに関してとくに明快に，わかりやすく話すようにしている。

　読書，ビデオ，音声教材に関するラッパーの別の方法としては，概念マップ，マインドマップ，コンセプト・サークル・ダイアグラム（concept circle diagram），マインド／知識の表（mind/knowledge matrix）あるいは流れ図（第3章を参照）などの視覚的学習ツールがある。視覚的学習ツールは，ヴィルトの読書のふり返りと比べて，概念，理論，現象，例示，人物，出来事，あるいはプロセスの段階の間に想定される関係を構築する必要があるため，より精緻な認知的作業を必要とする。学生は学ぶべきものについて理解を深め，すぐ

に思い出せるものを引き出す。この種のラッパーは，視覚情報を提供すること
ができるため，情報の理解と保持に関して効果を発揮する一方で，記憶するう
えで重要な役割を果たす感情的反応は活用しない。そのため，視覚的学習ツー
ルは，工学や科学の教材のような覚えるべき内容が非常に多い科目で用いるの
が最も望ましいかもしれない。さらにこれら視覚的学習ツールは，学生が自分
の理解が十分でないところを確認する際に役に立つはずである。しかし，内省
的な質問とは違い，そのわかっていないことを，直接，教員に伝えようとはし
ない。もちろん，教員は学生の提出したものを見ることができるし，おそらく，
彼らの理解がどこでうまくいっていないかを知ることができる。視覚的学習ツー
ルに関するもう1つのやっかいな問題は，教員はそれらの作り方を学生に教
える必要があるということである——その場合，まず例を示し，それから小グ
ループでそれらを自分で作らせる，という作業になるかもしれない。

　他のやり方としては，第3章で詳細に議論したように，自己テストをさせるこ
とや検索練習の力を利用するものである。確かに，教員は日々の授業で小テス
トを課すことできるが，短いレポートを書かせる課題は，客観的な設問よりも
自分の学びについて評価させるうえで効果的であるし[*192]，それらはすぐに細目に
よる評価ができるということを念頭に入れておいてほしい。しかしながら，最
も簡単な方法は，授業の最初の5分か10分の間に，マインド・ダンプ（頭にあ
るものをすべて出すこと）によって学生に書く作業を求めることである。学生
がこれまで読み，聞き，見たことから思い出せるものはすべて書き記すことに
なる。これらの書かれたものすべてを集め，細目による評価をし，次の試験の
最初に学生に返却する。この活動は，学生に自分が思い出させた内容について
の自覚を促す。もし，学生同士で自分たちが書いた内容を共有する時間をとる
なら，思い出せなかった内容で，学習し直す必要のあるものについて自覚が促
せる。

試験と重要な小テストについて

　ほとんどすべての教員は，試験あるいは小テストを行うが，それぞれのあと
に試験に関するラッパーを取り入れることで，それは単なる選別の方法という
よりむしろ，学びの経験を学生に積ませるものとなる。次の章で，ジマーマン

の研究グループが，様々な学問分野で行った実験研究を紹介したい。それらの研究は，自己調整学習が学生の課題達成を強く後押ししたという証拠を明確に示している。自己調整学習を取り入れた授業，すなわち，介入群で共通している点は，成績評価を行う試験のあとに自己評価をさせていることであった。たとえば数学の補習（developmental mathematics）[1]の授業では，学生に以下のようなこと，すなわち自分が小テストや試験の準備をどれだけ適切に行ったのか評価させること，何が原因で間違えたのかを分析すること，間違った小テスト／試験の問題あるいは類似の問題をうまく解くこと，正しい問題解決の方略を説明すること，同じような問題を解ける自信を評価すること，次の学習についての方略を計画すること，などについて記入をさせる。ライティングの補習（developmental writing）授業では，同じような質問が書かれたふり返りシートを完成させる——すなわち，学生は小テストに対してどのように準備し，どこで間違え，どのようにして次の小テストに向けてよりよく準備をし直したのか，ということを書く。加えて，学生は間違った問題を解き直すのと似たようなことを行った。この場合，小テストで間違った文章の課題に，異なる文章を用いてもう一度取り組ませた（要約すること，あるいは，言い換えること）。このような典型的な自己調整活動を通して，学生は，正解するまで自分の間違いから意識的に学ぶことになった。二度目には，学生はたいてい教員，仲間，あるいは両方に助けられて課題を行っていた。これは，われわれ大学教員が今普通に行っていること，すなわち，間違いを誤答としてマークし，学生にとっては短いメモを走り書きして返し，次の授業に入る，ということからの革新的な脱却である。学生は，ただ自分たちが間違っているということを指摘されるだけでは学ばないのである。

　このように，とくに試験後に自己評価をさせるということは，学生の学びを保証するかなり実用的な方法であるが，実行するのはなかなか難しい。教員は，元の試験が評価していたスキルと同じスキルを評価する試験でありながら，それとは異なる問題，文章，問い，あるいは設問を準備しなければならないからである。授業時間に関して，教員は，学生が間違いを正すこと，助言者として

---

[1]　様々な理由で基礎的な数学の学力をもたずに大学に入学した学生を，大学レベルに追いつくようにするための科目。

第 11 章　自己調整学習をコースデザインに統合するように計画すること

教員や他の学生とともに課題をやり直すことに多くの時間をとらなければならない。二度目にはかなり楽になっているはずだが，最終的に学生の試験を二度にわたって確認しなければならないのである。

　もしこの作業ができないと思ったなら，省かないほうがよいとは思うものの，やり直しの要素を省き，成績評価を行う試験の後に学生に自己評価させるだけでもよい。省いた場合の自己評価でさえ，学生が，自分が予測したものと実際の成績評価との間の不一致，自分たちの準備や時間管理方略の効果，自分が間違った設問の種類や間違った理由に意識を向けるきっかけになる。第6章には具体的な質問と模範となる形式が示されている。

重要な反復する課題について

　もし，担当するコースのほとんどが重要な反復する課題や活動，たとえば，事例報告，PBL（problem-based learning），多くの研究論文とプロジェクト，ポートフォリオあるいは体験学習の方法（サービス・ラーニング，フィールドワーク，インターンシップ，シミュレーション，ロールプレイ）を中心に展開するのなら，省察を促すメタ課題（第5章を参照）でそれらの活動や方法を補足するのがよい。そうしないと，学生はそれら以外の活動，すなわち自己調整学習に関する活動や課題に真剣に取り組まなくなるだろう。それら一連の課題は，2ページから5ページのレポートであることが多く，学生は見直しをすることもあれば，そうでない場合もある。この類のレポートに対して1つだけメタ課題を学生に課すとしたら，教員のフィードバックに基づいてそれらをもう一度書かせることが，学生の学びにとって最も意義がある。もしそうしなければ，教員のコメントや提案の大半は，読まれないか誤って理解されるかもしれない。どちらにしても，教員が課題の修正に費やす大半の時間は無駄になり，学生にとって何の役にも立たないだろう。学生にレポートを修正させるなら，レポートを以前よりもよくするための計画を学生に尋ね，とくに教員や仲間の学生が抱いている懸念に対してどのように対処するつもりか述べさせるのがよい。

コースの終わり方について

　最終試験としてレポートを学生に書かせることが多いなら，コースの始めと終わりに同じことをさせ，コースの最後に学生にそれを修正させるとよいかもしれない。クラフト，グリフィス，そしてコギシャルはこのアプローチとは少し異なったやり方を提案している。この方略が求めていることは，最終試験を望ましいものとするために事前に計画しておく，ということである。同様に，コースの初めに学生に「私はこの授業科目でどのようにして A 評価を獲得したのか」というレポートを学生に書かせているなら，最後に学生の努力を評価する際，もう一度そのレポートを確認させるとよい。別のシンプルではあるが効果的な課題は，「これから受講する人たちに向けての手紙」を書かせることである。すなわち，受講している学生に，このコースではどうやったらうまくいくか――具体的には毎回出席することがどれだけ大事か，どうやって勉強するか，課題にどうやって取り組めばよいかなど――学ぶべき価値のある内容やスキルは何かといったことを書かせ，次の受講生に伝えるというものである。これらの手紙は今コースをとっている学生だけでなく，今後コースを選択する学生にとっても自己調整という点でためになる。これらのテクニックに関しては，すべて第9章で詳細に述べている。

すべてを統合すること

　自己調整学習をコースに「完全に統合する」ための道筋は多様である。次の章で紹介するモデルは，多様で広範囲にわたっている例である。パーキンスは，授業の内容に関するものだけでなく，授業内外の時間に学生にさせた13の自己調整学習に関する課題とすべての試験でのラッパーも合わせてコースのポートフォリオに記入させることで，自己調整学習をコースに統合している。その一方でヴィルトは学習日誌のような別の活動とラッパーとを組み合わせるという多少異なった方法で実践している。ジマーマンらが研究してきたすべてのコースでは，頻繁に小テストや試験が用いられていた。それらに際して，学生は自分の自信を評価し，試験のあとには，自分が間違った問題やうまく書けなかったものをやり直すことを含め，「成績評価を行う試験の自己評価」をかなり拡張

第 11 章　自己調整学習をコースデザインに統合するように計画すること

した形で実践している。

　教員は学生にとって最もよいと思われるアプローチを選択しなければならないし，その選択は学生，科目の内容，成果，そして授業をどのように進めるかに依存する。たとえば，授業内の活動は，同期的なオンラインの環境に容易に転移することはないし，非同期的な環境に転移することはいっさいない。コースが，統計，物理，経済といった数学に基づいた問題を解くことを重視する場合は，メタ課題とこの種の問題に関する試験でのラッパーにのみ焦点を当てるとよい。対面の授業であろうとなかろうと，コースが講義を通して多くの学ぶべきものを提供しているにもかかわらず，学生がそれをうまく理解できていないように思えるなら，いくつかの自己調整学習の活動や課題を対面での授業に取り入れることを検討する。学生が衝動的な行動あるいは先延ばしで困っているなら，第 8 章で記した行動変容の方略をいくつか実施する。学生がコースで学ぶ内容について価値がない，実践的でない，などの不満を言うのなら，「将来の活用法」をまとめるレポート（第 9 章を参照）を書かせる。

　自己調整学習の活動や課題の効果を実感したあとには，新しい自己調整学習の活動や課題を容易に取り入れられるようになる。スケジュールを少し調整し，それから他のものを導入し，1, 2 学期後にさらに取り入れる。自己調整学習の活動や課題を自由に入れ替えたりしてもよい。自己調整学習の活動を取り入れるにつれて，漠然とした活動を続けることができなくなっていく。学生に課した活動や課題に関して学ぶということの価値について何度も説明することになるだろう。これらの機会は，学生がこれまでまったく経験したことがないものであり，最初はちょっとしたものでも変に思うかもしれない。

最後に

　最後の章では，自己調整学習の活動や課題をコースに組み込むように努めることがなぜ価値のあることなのかという理由を実証的な結果をもとに示す。そこで，いくつかの十分に統合されたコースについて議論する。それは体系的に研究されたものであり，学生の達成に自己調整学習の活動や課題が影響を及ぼした記録で，授業者が開発した試験と外部の試験の両方によって測定されてい

る。これらの結果は，助けを最も必要としていた学生が，自己調整学習の実践
によって最も助けられた，という主張を支持している。[146]

第12章
統合されたコースのモデルと学生にもたらす効果

　われわれは，学生たちが何か新しいものを書いたりデザインしたりする方法を学ぶのに，モデルがどのように役立つかを知っている。同様に，モデルは授業者の役にも立つ。そのため，自己調整学習をコースに組み入れて授業を続けていく前に，他の授業者はどのように取り組んだのかについて実際の例をいくつか学んでみよう。興味深いことに，ほとんどのものはSTEM科目における例である。以下に述べられる地質学のコースは違うが，残りの教科は系統的な研究がなされたものである。それらの例は，自己調整学習がどれだけ強力に学生の達成を高め得るのかを示している。

地質学

　科学分野のコースよりも，内容が豊富なコースはほとんどないだろう。しかしそれでも，地質学を教えるパーキンスは，彼のコースにおいて過去15年間で，一連の自己調整学習の活動をうまく作り上げてきた。パーキンスのカリキュラムの内容について，どのように学ぶのかを学生に教える履修課程を，彼は**パラレルカリキュラム**[1]とよんでいる。ピントリッチ[*155]の助言に従い，パーキンスは，ヴィルトとともに執筆した第2章で推奨されている「学ぶことの学習」[*216]の文章を学生たちに読ませて議論させることで，学習やメタ認知の本質を，直接的に紹介している。それから，すべての学習内容に焦点を当てた授業における

1　地質学と自己調整学習の2つを含んだカリキュラム。

活動や宿題とともに，のちにコースの学習ポートフォリオ（第 5 章における学生のポートフォリオの節を参照のこと）に集められる一連の自己調整的な論述の課題を通して，学生たちを指導している。

- コースの初めにおける，「なぜあなたはこのクラスにいるのか？　あなたの目標は何か？」に関するシンク・ペア・シェア[2]記述（Think-Pair-Share-Write）練習
- コースの初めにおける，コースを網羅した知識に関する調査と主題についての内省的なレポート
- コースの初めにおける，「私はこの授業科目でどのようにして A 評価を獲得したのか」というタイトルのレポート
- コースの初めとコース中に「どのように私は最もよく学ぶのか？」という定期的な内省的作文において，様々な学習方法を試し，モニターして評価し，どのようにしたら最もよく学べるのかを決定した証拠を示さなければならない
- 好みの学習スタイルを理解することに関する内省的作文（トピックはヴィルトとパーキンス[216]に示されている）
- ブルームのタキソノミーとフィンクの重要な学習経験を用いた証拠をポートフォリオに記述させる（トピックはヴィルトとパーキンス[216]に示されている）
- 批判的思考（critical thinking）の証拠を記述させる（トピックはヴィルトとパーキンス[216]に示されている）
- 感情学習（affective learning）の証拠を記述させる（トピックはヴィルトとパーキンス[216]に示されている）
- ペリーの段階の図式に従い，認知発達の段階の証拠を記述させる（トピックはヴィルトとパーキンス[216]に示されている）
- 関与（commitment）や努力と成績の間に，学生たちが見つけた関連性の証拠を記述させる（トピックはヴィルトとパーキンス[216]に示されている）

2　与えられた課題に対してまずは個人で思考したあと，ペアで意見を交換し，ペアとしての意見をまとめるといった学習活動のこと。

第12章　統合されたコースのモデルと学生にもたらす効果

- すべての試験に関するラッパー（wrappers）を通じて，学生たちに点数の予測を行わせ，また，試験を受ける前にどのように準備をしたのかを記述させる
- コースの終わりにおける，コースを網羅した知識に関する調査と主題についての内省的作文
- コースの復習と批評

　地質学の学習課題と合わせて，これらすべての課題は相当な作業量になる。それにもかかわらず，抗議もなく課題を終えるため，学生たちは明らかに課題の価値を見いだしているとパーキンスは主張している。学生たちは，自分自身のポートフォリオが厚くなっていくのを見るにつれ，自分たちが学んでいるすべてのものの物理的な証拠を得ることになる。学生たちが宿題を続けることを支援するため，そして作業の重要性を強調するために，パーキンスは2週間ごとにそれらのポートフォリオを集めてざっと見ている。パーキンスは，おもに小規模や中規模のクラスでパラレルカリキュラムを実施しているが，同様に大規模なクラスにもうまく応用している。
＊210, 211（私信，2013年2月26日）
　ヴィルトはまた，パーキンスのものを多く反映させた自己調整学習の活動や課題をコースに取り入れ，地質学を教えている。ヴィルトの学生は，余分の作業であっても気にしていないようである。ヴィルトも，コースの初めに学生に「学ぶことの学習」という文章を読ませて議論させる。それから，ヴィルトは学＊216
期を通して，学生たちに次のものを仕上げさせている。

- コースの初めにおける，主題についてコースを網羅した知識に関する調査
- 学生たちに自分がどれだけ準備ができているのかを自覚するための，試験前日における，試験範囲の内容に対する知識の調査
- このコースで学生たちが成し遂げたことについてコースの初めに手紙として書いた「私はこの授業科目でどのようにしてA評価を獲得したのか」のレポート
- 学生たちがレポートで示した計画にどのくらいきちんと従っているのかについての，学期の半ばにおける進捗の評価

- 毎日の授業で行われる，新聞記事を使った短い議論での，明確な批判的思考の実践。論点はその記事の視点，目的や目標，提起している主な問題，支持する概念や理論，それに含まれる推論，背後にある前提，その含意など——これらはすべてポールとエルダーの批判的思考の枠組みにおける[*150]「思考の要素」——である。
- 学習についての定期的な内省的作文（日誌を書くこと）を通じて，学生たちの方略（strategies）の記述や評価，それらの方略の修正と結果のチェックを行い，そしてこのコースの学習を他のコースの学習に関連づける（自己調整学習スキルの転移（transfer）を促すため）。次に，ヴィルトは，より深く学ぶための方略についてクラスの学生に向けて助言している。
- それぞれ数百字の定期的な読むことのふり返りを通じて，主要なポイント，最も驚いた内容，また最も混乱した内容について，なぜある内容が混乱していると見たのかの理由を含めて，明確化を求める3つの質問のうち2つに答える[*212]。
- テストされると考えられる内容のなかの最も重要な3つのポイントについての，それぞれの試験前におけるふり返り。仲間のふり返りにアクセスするためには，オンライン・フォーラムに貢献しなければならない。
- 試験前の成績の予測と，試験後のふり返りと誤答分析
- コースの終わりにおける，主題についてコースを網羅した知識に関する調査

　読むことのふり返りは，日常の授業での活動やクリッカーでの演習の結果，そして究極的にはコースの成績と最も高い相関のある自己調整学習の活動であることが実証されているとヴィルトが[*210]報告している。誠実に思慮深くこの課題を成し遂げる学生ほど，そのコースでよりよい成果を示すことは明らかである。読むことのふり返りは，読み始めることを自然に動機づけるが，読むということが，テストされた内容やスキルの唯一の情報源ではない。驚くべきことに，学生の読むことのふり返りと成績との相関（correlation）は.86であり，推定によると，それらのふり返りはコースの成績の分散（variance）の74%を説明している。JiTT（Just-in-Time Teaching）法に従って，ヴィルトは学生の読むこと

第 12 章　統合されたコースのモデルと学生にもたらす効果

のふり返りをオンラインで集め，自分自身の講義や次の授業での話し合いの活動を形成するために用いている。

　パーキンスもヴィルトも，コースの目的に自己調整学習スキルを加えた前後の学生の遂行結果に関する実証的なデータは集めていない。しかし，それをすることが学生の内容に関する学習を向上させることを両者とも確認している。次に記すいくつかのコースの例は，系統的な研究がなされてきている科目であり，説得力のある結果を示している。

数学補習コース

　メタ課題（第5章），小テストと試験（第6章）の章では，数学補習コースにおいて，自己調整学習の活動が工科大学の学生の達成を高めたというジマーマンらによって行われた研究に言及されている[223]。この研究をより注意深く見てみよう。

　3つのグループは伝統的な教育を受け，3つのグループには特別の自己調整学習の活動が組み込まれるという，6つの異なるグループの140人の学生に対して，ランダム実験デザインによる研究が，ニューヨーク市立工科大学（NYCCTないし City Tech）において行われた。まず，後者のグループの授業者は，間違いがどのように学習の機会を提供するのかをクラスに説明し，間違いの検出と方略の適用について実演したうえで，実践を行った。それから，授業者たちは，2回か3回の授業ごとに，15分から20分の時間で，4つか5つの問題を含む小テストを行った。それぞれの問題では，学生に（示されたすべての課題における）解答を求めるだけではなく，解決に取りかかる前と解決したあとに再び，問題を解決するための能力に対する自信の評価が求められた。すべての6つのグループにわたって標準化された3回の定期試験における問題においても，このグループには事前と事後の自信の評価が求められた。この手続きは，自信過剰の学生を誤った自己評価に気づきやすくさせるものである。同じクラスの授業時間のなかか，次のクラスの最初かのどちらかで，授業者は素早く小テストを採点して返却する。それから，それぞれの誤った，または不完全な問題について自己省察のフォームに記入することで，学生たちは失った点数を取り返

す機会を得る。このフォームには次のような特定の自己調整課題に取り組んで記入する欄がある。学生たちが，自らの小テストの準備状態の評価をすること，自信の見積もりを見直して評価すること，間違いの原因の分析をすること，元の問題や似たような問題をうまく解くこと，適切な問題解決方略を説明すること，他の似たような問題を解決する自信の見積もりをすることである。問題に困ったときには，学生たちは仲間や教員から助けを得るように促された。

　その結果，自己調整学習の活動が学生の成功に明白な差を生み出すことが示された。それらの活動を含むグループの学生は，2回目や3回目の定期試験と同様に最終の試験においても，統制群の学生よりも有意に優れた成果を示した（最初の試験においては，有意な差はなかった）。また，試験後の自己評価においては，より有意に自信過剰を抑制した。加えて，有意に高い割合の学生たちが，その授業科目に合格し（68％ 対 49％），単位をともなう授業科目の受講許可を得るためのテストに合格した（64％ 対 39％）。

　CUNY の数学の実力試験に失敗し，夏の時期に提供された5週間の数学補習コースに登録した学生たちに対して，ジマーマンの研究チームは異なる実験研究を行った。そしてその実験の終わりに，学生たちは再度，実力試験を受けた。自己調整学習の活動が行われたグループの学生たち（84％）は，統制群のグループの学生たち（63％）よりも，より高い割合でテストを通過した。加えて，後者の群のたった34％に対して前者の群の60％は，次の秋の数学の単位をともなう授業科目を無事に終えた。後者の28単位に比べて前者は34単位というように，大学の取得単位数の平均値における2つのグループ間の統計的有意差は，5学期のあとでも持続していた。

　ラガーディア・コミュニティ・カレッジとシンシナティ大学のレイモン・ウォルターズ・カレッジという他の2年制の大学における数学補習コース・プログラムは，NYCCT の取り組みに従って，似たような活動を授業に取り入れ，肯定的な結果を示している。前回のコースの学生たちと比べて，そのプログラムを受けた学生たちは中程度だが有意に高い成績を獲得し，約25％高い通過率

＊75, 87, ヒューズマン（私信, 2012年11月26日）

を示した。

数学入門コース

　自己調整学習の活動が数学補習コースの学生たちの達成に与える効果を研究しながら，ジマーマンらはまた，数学入門コースの学生たちに対しても並行して研究を行った。この後者の対象には，6つの統制群（control group）と6つの実験群（treatment group）の12のグループにおける346名の学生たちが含まれていた。この研究は，数学補習コースと同様のランダム実験デザインに従い，実験群の学生たちは同様の自己調整学習の指導を受け，同様のスケジュール，小テストの形式や定期試験で，同様の小テスト後のふり返りや修正を行った。統制群の学生たちに比べて，実験群の数学入門コースの学生たちは，3回すべての定期試験に加えて最終試験においても有意によりよい成を示した。さらに，学生らの試験後の自己評価は，有意により正確であった。

電気機械工学技術

　この研究プロジェクトは，NYCCTの電気機械工学技術の2年制の準学士プログラムにおいて行われた。ジマーマンとヒューズマンのランダム化された事前事後の実験研究デザインに従い，実験に参加した授業者は電気回路コースとデジタル制御コースのいくつかの内容の部分において自己調整学習の活動を設け，それ以外には活動を設けなかった。それらの活動には，それぞれの問題を解く前後の学生たちの自信のレベルを調べる小テスト，小テスト後／試験後のふり返り，誤答分析，修正が含まれた。加えて，学生たちは，なぜ実際のパフォーマンスと予期した得点が異なったのかを，フォーム上で説明するように求められた。学生たちはまた，点数を取り戻すために，間違えた問題に類似した問題に対して解答する機会を得た。統制群のグループの学生たちに比べて，自己調整学習を実践した学生たちは，より高いコースの学業継続率とともに，標準化された中間および最終試験においてもより高い成績を示した。授業者はまた，学生は授業において，より活動的で協働的であり，問題解決においてより多くの学生が方略の選択と実行を重要視していたと報告した。[25,182]

ライティング補習コース

　NYCCT のライティング補習コースの教員が，類似の研究に参加している。ライティング補習コースが必要とする自己調整学習の活動は，数学的な問題解決のコースのものとは異なるが，それでも焦点が当てられたのは，誤答を特定して修正するということであった。主要な小テストのために教員が開発した見直しシートの例は，第 6 章に示されている。思い出されるように，見直しシートは学生たちに，小テストが評価する論述課題のやり直しや，小テストで間違った部分に対する質問への答え，それに向けてどのように準備をしたのか，次回はどのようによりよく準備ができるのかへの答えを求めるものである。5 学期のプロジェクトの間，教員はグループの約半分を統制群，他の半分を実験群に選んだが，条件において学生たちはランダム化されてはいなかった。前者の群の学生たちに比べて，後者の学生たちは，お互いへの，または教員からのフィードバックを素早く価値づけたり利用したりするようになり，また，作文のための単語リストを使用し始めるようになった。加えて，統制群のグループの学生たちに比べて，18% 以上も多くの学生たちが，CUNY のライティングの試験に合格した。[75]

　CUNY のライティングの試験に合格できなかった学生たちに対して，夏の 5 週間の集中的なライティングのコースも提供された。再び，いくつかのグループは統制群で構成され，他のグループにはコースを通して自己調整学習の活動が取り入れられた。再試験を行ったところ，統制群ではたった 52% の学生しか試験を通過しなかったことに対して，実験群では 72% の学生がその試験を通過した。加えて，次の秋学期において単位をともなう授業科目を無事に終えることができたのは，前者のたった 32% に対して，後者は 65% だった。すべてのこれらの群間の差は，大きく有意であった（Self-Regulated Learning Program, 出版年不明）[182]。

なぜプログラム全体ではないのか？

　1 つのコースが，通常，学生にどのような影響を与えるのかを観察するだけ

でも，1人の大学教員が学習スキルを育成するために2，3のコースを教えるという単独の努力では，学生たちに限定的な影響しか与えないと考えられる。しかし，すべてのコースで，自己調整学習の成果を取り入れたプログラム全体が与える大きな影響の可能性についてよく考えてみよう。学生たちにもたらす効果は変わり得るものである。最終的に大学は，生涯学習者を輩出するという約束を果たせるかもしれない。

　残念ながら，現在われわれはこの主張を支持する十分なデータをもっていない。これまでただ1つのプログラムが，コース学習を通して自己調整学習スキルを育成することに挑戦している。それは，オハイオの少数の機関によって提供される大学への移行カリキュラムで，ヤングスタウン州立大学と連携するカレッジ・テックプレップ・プログラム[3]である。このプログラムは，11年生に始まり，証明書の取得，実習の修了，準学士号あるいは学士号の取得に導くようにデザインされている。中等後教育改善基金(FIPSE)の助成を受けたNYCCTプロジェクトは，目標設定，プランニング（planning），自己モニタリング（self-monitoring)や自己評価のプロセスを学んだり実践したりするような，大学教員へのパイロット訓練プログラムを可能にした。次に，教員たちはそのプロセスを使用して，学生たちに対する自己調整学習の活動のデザインと改善を行っていく。しかしながら，先述の研究におけるNYCCTの教員とは異なり，その教員たちは，自信の評定を含む小テストや試験，小テスト後／試験後のふり返りや修正に関する厳格なスケジュールに従わず，学生たちの学習や遂行結果の変化に関する系統的なデータも収集しなかった。このプロジェクトは2か月間のみ行われ，それほど多くはないが，新しい自己調整学習の活動の効果に関して教員の印象に基づくデータが得られた。それでも結果は報告する価値があるだろう。最初は，教員たちはそれらの活動が学生たちに何らかの効果をもたらすことをほとんど信用していなかったが，自分のクラスの学生たちが熱心に取り組むようになり，より質の高い宿題を提出し，試験でよりよい成果を収めるようになることに気づくにつれ，考えを変えていった。教員たちはまた，多くの学生たちが目標設定，プランニング，自己モニタリングや自己評価を自分たち

3　高校生が高等学校の特定の授業において，連携する大学の単位を取得することが可能なプログラムのこと。

自身で実践し始めたことを報告している。

　高等教育において，学士の学位を得るためにとくに求められるスキルとして自己調整学習を明示した専門分野の教育や一般教育のプログラムはまだない。おそらく，そろそろその時期である。2009 年，75% ないしそれ以上の雇用者が，大学卒業生のコミュニケーションスキル，批判的思考，分析的推論スキル，複雑な問題の分析や解決能力の低下に不満を述べている[80]。しかしながら，学術界にいるわれわれは，それらのスキルをすでに教えていると断言できる。もしこれまでと同じやり方で教え続けてよりよい結果を望むなら，それはおかしなことではないか？　自己調整学習の先駆者たちが実現してきたような学生の学習成果の飛躍を考慮するなら，われわれは賢明になり，少なくとも試しにでもこうした効果的な方略をもっと広く適用しようとすべきだろう。それを行う金銭的なコストは取るに足らないものであり，大学教員に加わる時間の負担はほとんどないであろう（第 10 章を参照）。増えて**ほしい**ものは学生たちの課題に取り組む時間であり，それが学びに関連することをわれわれは知っているのに，その時間は，数十年間で減少しているのである[12]。自己調整学習スキルを育成するということが，大学レベルのコースにおける学業の厳格さを取り戻すための学生の視点に立った方法であることは明らかだろう。

引用文献

1　Academic Advising and Support Services, Loyola University, Chicago. (n.d.). Retrieved November 28, 2012, from http://www.luc.edu/advising/pdfs/pos texam_survey.pdf

2　Achacoso, M. V. (2004). Post-test analysis: A tool for developing students' metacognitive awareness and self-regulation. In M. V. Achacoso & M. D. Svinicki (Eds.), *New directions for teaching and learning, No. 100: Alternative strategies for evaluating student learning* (pp. 115–119). San Francisco: Jossey-Bass.

3　Amador, J. A., Miles, L., & Peters, C. B. (2006). *The practice of problem-based learning: A guide to implementing PBL in the classroom.* Bolton, MA: Anker.

4　American Association of Colleges and Universities. (2002). *Greater expectations: A new vision for learning as a nation goes to college.* Washington, DC: American Association of Colleges and Universities.

5　American Association of Colleges and Universities. (2007). *College learning for the new global century.* Washington, DC: American Association of Colleges and Universities.

6　Anderson, L. W., & Krathwohl, D. R. (2000). *A taxonomy for learning, teaching, and assessing: A revision of Bloom's Taxonomy of Educational Objectives.* Boston: Allyn & Bacon.

7　Anderson, R. C. (1984). Some reflection on the acquisition of knowledge. *Educational Researcher, 13*(2), 5–10.

8　Angelo, T. A., & Cross, P. K. (1993). *Classroom assessment techniques: A handbook for college teachers* (2nd ed.). San Francisco: Jossey-Bass.

9　Archintaki, D., Lewis, G. J., & Bates, T. C. (2012). Genetic influences on psychological well-being: A nationally representative twin study. *Journal of Personality, 81*(2), 221–230. doi: 10.1111/j.1467-6494.2012.00787.x. Retrieved May 27, 2012, from http://www.midus.wisc.edu/findings/pdfs/1213.pdf

10　Astin, A. W., Vogelgesang, L. J., Ikeda, E. K., & Yee, J. A. (2000). *How service-learning affects students.* Higher Education Research Institute, University of California, Los Angeles.

11　Azevedo, R., & Cromley, J. G. (2004). Does training on self-regulated learning facilitate students' learning with hypermedia? *Journal of Educational Psychology, 96*(3), 523–535.

12　Babcock, P., & Marks, M. (2011). The falling time cost of college: Evidence from half a century of time use data. *Review of Economics and Statistics, 93*(2), 468–478. Retrieved October 16, 2012, from http://www.mitpressjournals.org/doi/pdf/10.1162/REST_a_00093

13   Bandura, A. (1977). *Social learning theory.* Englewood Cliffs, NJ: Prentice-Hall.

14   Bandura, A. (1986). *Social foundations of thought and action: A social cognitive theory.* Englewood Cliffs, NJ: Prentice-Hall.

15   Bandura, A. (1997). *Self-efficacy: The exercise of control.* New York: W. H. Freeman.

16   Bangert-Drowns, R. L., Kulik, C.-L. C., Kulik, J. A., & Morgan, M. (1991). The instructional effect of feedback in test-like events. *Review of Educational Research, 61,* 213–238.

17   Barkley, E. F. (2009). *Student engagement techniques: A handbook for college faculty.* San Francisco: Jossey-Bass.

18   Bauerlein, M. (2008). *The dumbest generation: How the digital age stupefies young Americans and jeopardizes our future.* New York: Tarcher/Penguin.

19   Baxter Magolda, M. B. (1992). *Knowing and reasoning in college: Gender-related patterns in students' intellectual development.* San Francisco: Jossey-Bass.

20   Bean, J. C. (2011). *Engaging ideas: The professor's guide to integrating writing, critical thinking, and active learning in the classroom* (2nd ed.). San Francisco: Jossey-Bass.

21   Bell, P., & Volckmann, D. (2011). Knowledge surveys in general chemistry: Confidence, overconfidence, and performance. *Journal of Chemical Education, 88*(11), 1469–1476. doi: 10.1021/ed100328c

22   Bembenutty, H. (2011). Academic delay of gratification and academic achievement. In H. Bembenutty (Ed.), *New directions for teaching and learning, No. 126: Self-regulated learning* (pp. 55–65). San Francisco: Jossey-Bass.

23   Bergmann, J., & Sams, A. (2012). *Flip your classroom: Reach every student in every class every day.* Washington, DC: International Society for Technology in Education.

24   Berrett, D. (2012, January 17). Note to faculty: Don't be such a know-it-all. *Chronicle of Higher Education.* Retrieved January 18, 2012, from http://chronicle.com/article/Note-to-Faculty-Dont-Be-Such/130374/?sid=at&utm_source=at&utm_medium=en

25   Blank, S., Hudesman, J., Morton, E., Armstrong, R., Moylan, A., White, N., & Zimmerman, B. J. (2006). A self-regulated learning assessment system for electromechanical engineering technology students. Presented at the *Proceedings of the National STEM Assessment Conference,* (pp. 37–45). Retrieved November 28, 2012, from http://openwatermedia.com/downloads/STEM(for-posting).pdf#page=41

26   Bligh, D. A. (2000). *What's the use of lectures?* San Francisco: Jossey-Bass.

27   Bloom, B. (1968). Learning for mastery. *Evaluation Comment, 1*(2), 1–12.

28   Bloom, B. (1971). Mastery learning. In J. H. Block (Ed.), *Mastery learning: Theory and practice* (pp. 47–63). New York: Holt, Rinehart & Winston.

29   Bloom, B., & Associates. (1956). *Taxonomy of educational objectives.* New York: David McKay.

30   Bonwell, C. C., & Eison, J. A. (1991). *Active learning: Creating excitement in the classroom.* (ASHE-ERIC Higher Education Report No. 1). Washington, DC: George Washington University, School of Education and Human Development.

31   Boud, D. (1995). *Enhancing learning through self-assessment.* London: Kogan Page.

引用文献

32　Boud, D. (2000). Sustainable assessment: Rethinking assessment for the learning society. *Studies in Continuing Education, 22*(2), 151–167.

33　Boud, D., & Falchikov, N. (1989). Quantitative studies of student self-assessment in higher education: A critical analysis of findings. *Higher Education, 18,* 529–549.

34　Bowen, J. A. (2012). *Teaching naked: How moving technology out of your college classroom will improve student learning.* San Francisco: Jossey-Bass.

35　Bradley, R. T., McCraty, R., Atkinson, M., Tomasino, D., Daughterty, A., & Auguelles, L. (2010). Emotion self-regulation, psychophysiological coherence, and test anxiety: Results from an experiment using electrophysiological measures. *Applied Physiology and Biofeedback, 35*(4), 261–283. doi: 10.1007/s10484-010-9134-x

36　Bransford, J. D., Brown, A. L., & Cocking, A. R. (2000). *How people learn: Brain, mind, experience, and school.* Washington, DC: National Research Council, National Academy Press.

37　Brown, R., & Pressley, M. (1994). Self-regulated learning and getting meaning from text: The Transactional Strategies Instruction model and its ongoing validation. In D. H. Schunk & B. J. Zimmerman (Eds.), *Self-regulation of learning and performance: Issues and Educational Applications* (pp. 155–180). Hillsdale, NJ: Erlbaum.

38　Brown, T., Kraft, K., Yu, S., Alabi, W., McGuire, S., & Myers, J. (2008, November). *Early warning.* Session presented at the National Association of Geoscience Teachers (NAGT) Workshops: The Role of Metacognition in Teaching Geoscience, Carleton College, Northfield, MN. Retrieved December 30, 2011, from http://serc.carleton.edu/NAGTWorkshops/metacognition/group_tactics/28891.html

39　Brown, T., & Rose, B. (2008, November). *Use of metacognitive wrappers for field experiences.* Session presented at the National Association of Geoscience Teachers (NAGT) Workshops: The Role of Metacognition in Teaching Geoscience, Carleton College, Northfield, MN. Retrieved December 30, 2011, from http://serc.carleton.edu/NAGTWorkshops/metacognition/tactics/28926.html

40　Burns, D. D. (1989). *The feeling good handbook.* New York: William Morrow & Company.

41　Butler, A. C. (2010). Repeated testing produces superior transfer of learning relative to repeated studying. *Journal of Experimental Psychology: Learning, Memory, and Cognition, 36,* 716–727.

42　Butler, D. L., & Winne, P. H. (1995). Feedback and self-regulated learning: A theoretical synthesis. *Review of Educational Research, 65,* 245–282.

43　Catalano, R. F., Haggerty, K. P., Gainey, R. R., & Hoppe, M. J. (1979). Reducing parental risk factor for children's substance misuse: Preliminary outcomes with opiate-addicted parents. *Substance Abuse and Misuse, 32*(6), 699–721.

44　Center for Academic Success, Louisiana State University. (2010). *The study cycle.* Retrieved February 15, 2012, from https://cas.lsu.edu/sites/cas.lsu.edu/files/attachments/LL4%20Study%20Cycle%202010.pdf

45　Cobern, W. W., & Loving, C. C. (1998). The card exchange: Introducing the philosophy of science. In W. F. McComas (Ed.), *The nature of science in science education: Rationales and strategies* (pp. 73–82). Dordrecht, The Netherlands: Kluwer.

173

46 Colvin, G. (2008). *Talent is overrated: What really separates world-class performers from everybody else.* New York: Penguin Group.

47 Cooper, M. M., & Sandi-Urena, S. (2009). Design and validation of an instrument to assess metacognitive skillfulness in chemistry problem solving. *Journal of Chemical Education, 86*(2), 240–245. Available at http://pubs.acs.org/doi/abs/10.1021/ed086p240

48 Costa, A. L., & Kallick, B. (2000). Getting into the habit of reflection. *Educational Leadership, 57*(7), 60–62.

49 Cuseo, J. B. (2002). *Igniting student involvement, peer interaction, and teamwork.* Stillwater, OK: New Forums Press.

50 Davidson, C. (2009, July 26). How to crowdsource grading. HASTAC blog. Retrieved April 25, 2013, from http://hastac.org/blogs/cathy-davidson/how-crowdsource-grading

51 Davidson, R. J. (2003). Affective neuroscience and psychophysiology: Toward a synthesis. *Psychophysiology, 40,* 655–665.

52 Davis, G. R. (2012). *Syllabus for BIO 342: Human Physiology, Wofford University.* Retrieved December 15, 2012, from http://webs.wofford.edu/davisgr/bio342/index.htm

53 Davis, S. F., & Palladino, J. J. (2002). *Psychology* (3rd ed.). Upper Saddle River, NJ: Prentice-Hall.

54 Delclos, V. R., & Harrington, C. (1991). Effects of strategy monitoring and proactive instruction on children's problem-solving performance. *Journal of Educational Psychology, 83,* 35-42.

55 Demet, Z., Sook, J., Gertrude, S., Perkins, D., Meyers, J., Lea, P., . . . Sablock, J. (2008, November). *Using a problem-based learning approach to help students learn how experts solve problems.* Session presented at the National Association of Geoscience Teachers (NAGT) Workshops: The Role of Metacognition in Teaching Geoscience, Carleton College, Northfield, MN. Retrieved January 16, 2012, from http://serc.carleton.edu/NAGTWorkshops/metacognition/tactics/28930.html

56 Duckworth, A., Peterson, C., Matthews, M., & Kelly, D. (2007). Grit: The perseverance and passion for long-term goals. *Journal of Personality and Social Psychology, 92*(6), 1087–1101.

57 Duckworth, A., & Seligman, M. (2005). Self-discipline outdoes IQ in predicting academic performance of adolescents. *Psychological Science, 16*(12), 939–944.

58 Duke, R. A., Simmons, A. L., & Cash, C. D. (2009). It's not how much; it's how: Characteristics of practice behavior and retention of performance skills. *Journal of Research in Music Education, 56*(4), 310–321. doi: 10.1177/0022429408328851

59 Duncan, N. (2007). Feed-forward: Improving students' use of tutors' comments. *Assessment & Evaluation in Higher Education, 32*(2), 271–283.

60 Dweck, C. S. (2007). *Mindset: The new psychology of success.* New York: Random House.

61 Edens, K. M. (2000). Preparing problem solvers for the 21st century through problem-based learning. *College Teaching, 48*(2), 55–60.

62 Edwards, N. (2007). Student self-grading in social statistics. *College Teaching, 55*(2), 72–76.

63 Edwards, R. K., Kellner, K. R., Sistrom, C. L., & Magyari, E. J. (2003). Medical student self-assessment of performance on an obstetrics and gynecology clerkship. *American Journal of Obstetrics and Gynecology, 188*(4), 1078–1082.

64 Elliott, D. (2010, August 1). How to teach the trophy generation. *Chronicle of Higher Education.* Retrieved January 18, 2012, from http://chronicle.com/article/How-to-Teach-the-Trophy/123723/?sid=pm&utm_source=pm&utm_medium=en

65 Ericsson, K. A., Krampe, R. T., & Tesch-Römer, C. (1993). The role of deliberate practice in the acquisition of expert performance. *Psychological Review, 100*(3), 363–406. doi: 10.1037/0033-295X.100.3.363

66 Evans, G. W., & Rosenbaum, J. (2008). Self-regulation and the income-achievement gap. *Early Childhood Research Quarterly, 23*(4), 504–514. doi: 10.1016/j.ecresq.2008.07.002

67 Eyler, J., & Giles, D. E., Jr. (1999). *Where's the learning in service-learning?* San Francisco: Jossey-Bass.

68 Falchikov, N., & Boud, D. (1989). Student self-assessment in higher education: A meta-analysis. *Review of Educational Research, 59*(4), 395–430.

69 Fink, L. D. (2003). *Creating significant learning experiences: An integrated approach to designing college courses.* San Francisco: Jossey-Bass.

70 Fuchs, A. H. (1997). Ebbinghaus's contributions to psychology after 1885. *American Journal of Psychology, 110*(4), 621–634.

71 Fuhrman, M., King, H., Ludwig, M., & Johnston, J. (2008, November). *A gateway metacognitive tactic for "busy" faculty.* Session presented at the National Association of Geoscience Teachers (NAGT) Workshops: The Role of Metacognition in Teaching Geoscience, Carleton College, Northfield, MN. Retrieved January 15, 2012, from http://serc.carleton.edu/NAGTWorkshops/metacognition/group_tactics/28903.html

72 Garner, R., & Alexander, P. A. (1989). Metacognition: Answered and unanswered questions. *Educational Psychologist, 24,* 143–158.

73 Garrett, D. (2012, February). *Help students make better decisions by understanding the neuroscience of procrastination.* Session presented at the annual Lilly South Conference on College Teaching, Greensboro, NC.

74 Gatta, L. A. (1973). An analysis of the pass-fail grading system as compared to the conventional grading system in high school chemistry. *Journal of Research in Science Teaching, 10*(1), 3–12.

75 Glenn, D. (2010, February 7). How students can improve by studying themselves. *Chronicle of Higher Education.* Retrieved March 12, 2010, from http://chronicle.com/article/Struggling-Students-Can-Imp/64004/

76 Goleman, D. (1996). *Working with emotional intelligence: Why it can matter more than IQ.* London: Bloomsbury.

77 Griffiths, E. (2010). Clearing the misty landscape: Teaching students what they didn't know then, but know now. *College Teaching, 58*(1), 3–37.

78 Gronlund, N. E., & Waugh, C. K. (2009). *Assessment of student achievement* (9th ed.). Needham Heights, MA: Allyn & Bacon.

79 Grossman, R. (2009). Structures for facilitating student reflection. *College Teaching, 57*(1), 15–22.

80   Hart Research Associates on behalf of the Association of American Colleges and Universities. (2010). *Raising the bar: Employers' views on college learning in the wake of the economic downturn.* Retrieved November 26, 2012, from http://www.aacu.org/leap/documents/2009_EmployerSurvey.pdf

81   Hattie, J. (2009). The black box of tertiary assessment: An impending revolution. In L. H. Meyer, S. Davidson, H. Anderson, R. Fletcher, P. M. Johnston, & M. Rees (Eds.), *Tertiary assessment and higher education student outcomes: Policy, practice and research* (pp. 259–275). Wellington, NZ: Ako Aotearoa.

82   Hattie, J., & Timperley, H. (2007). The power of feedback. *Review of Educational Research, 77*(1), 81–112. Retrieved April 23, 2012, from http://rer.sagepub.com/content/77/1/81.full

83   Hazard, L. L. (1997). *The effect of locus of control and attitudes toward intelligence on study habits of college students.* Unpublished doctoral dissertation, Boston University.

84   Hazard, L. L. (2011). Time management, motivation, and procrastination: Understanding and teaching students self-regulatory behaviors. *Innovative Educators* webinar broadcast live and recorded November 4.

85   Hazard, L. L., & Nadeau, J. (2012). *Foundations for learning* (3rd ed.). Upper Saddle River, NJ: Prentice-Hall.

86   Hofer, B., Yu, S., & Pintrich, P. R. (1998). Teaching college students to be self-regulated learners. In D. H. Schunk & B. J. Zimmerman (Eds.), *Self-regulated learning: From teaching to self-reflective practice* (pp. 57–85). New York: Guilford.

87   Hudesman, J., Crosby, S., Isaac, S., Flugman, B., Clay, D., & Everson, H. (Under review). *The dissemination of an enhanced formative assessment and self-regulated learning program to improve student achievement in developmental mathematics.* Manuscript submitted for publication.

88   Husman, J. (2008, November). *Self-regulation is more than metacognition.* Keynote address presented at the National Association of Geoscience Teachers (NAGT) Workshops: The Role of Metacognition in Teaching Geoscience, Carleton College, Northfield, MN. Retrieved January 16, 2012, from http://serc.carleton.edu/NAGTWorkshops/metacognition/husman.html

89   Immordino-Yang, M. H., & Damasio, A. (2007). We feel, therefore we learn: The relevance of affective and social neuroscience to education. *Mind, Brain, and Education, 1*(1), 3–10.

90   Isaacson, R. M., & Was, C. A. (2010). Building a metacognitive curriculum: An educational psychology to teach metacognition. *National Teaching & Learning Forum, 19*(5), 1–4.

91   Jacobs, L. C., & Chase, C. I. (1992). *Developing and using tests effectively: A guide for faculty.* San Francisco: Jossey-Bass.

92   Jaschik, S. (2010, May 3). No grading, more learning. *Inside Higher Education.* Retrieved May 5, 2010, from http://www.insidehighered.com/news/2010/05/03/grading

93   Jenson, J. D. (2011). Promoting self-regulation and critical reflection through writing students' use of electronic portfolio. *International Journal of ePortfolio, 1*(1), 49–60.

94	Johnson, C. I., & Mayer, R. E. (2009). A testing effect with multimedia learning. *Journal of Educational Psychology, 101,* 621–629.
95	Johnson, D. W., Johnson, R. T., & Smith, K. A. (1991). *Active learning: Cooperation in the college classroom.* Edina, MN: Interaction Books.
96	Johnston, S., & Cooper, J. (1997). Quick-thinks: The interactive lecture. *Cooperative Learning and College Teaching, 8*(1), 1–8.
97	Kalman, C. S. (2007). *Successful science and engineering teaching in colleges and universities.* Bolton, MA: Anker.
98	Karabenick, S. A., & Dembo, M. H. (2011). Understanding and facilitating self-regulated help-seeking. In H. Bembenutty (Ed.), *New directions for teaching and learning, No. 126: Self-regulated learning* (pp. 33–43). San Francisco: Jossey-Bass.
99	Karlins, M., Kaplan, M., & Stuart, W. (1969). Academic attitudes and performance as a function of differential grading systems: An evaluation of Princeton's pass-fail system. *Journal of Experimental Education, 37*(3), 38–50. Retrieved April 2, 2010, from http://www.jstor.org/stable/20157034
100	Kitsantas, A., & Zimmerman, B. J. (2009). College students' homework and academic achievement: The mediating role of self-regulatory beliefs. *Metacognitive Learning, 4,* 97–110.
101	Kolb, D. A. (1984). *Experiential learning: Experience as the source of learning and development.* Englewood Cliffs, NJ: Prentice-Hall.
102	Kraft, K. (2008, November). *Using situated metacognition to enhance student understanding of the nature of science.* Session presented at the National Association of Geoscience Teachers (NAGT) Workshops: The Role of Metacognition in Teaching Geoscience, Carleton College, Northfield, NM. Retrieved January 17, 2012, from http://serc.carleton.edu/NAGTWorkshops/metacognition/kraft.html
103	Kruger, J., & Dunning, D. (1999). Unskilled and unaware of it: How difficulties in recognizing one's own incompetence lead to inflated self-assessments. *Journal of Personality and Social Psychology, 77,* 1121–1134.
104	Kruger, J., & Dunning, D. (2002). Unskilled and unaware—but why? *Journal of Personality and Social Psychology, 82*(2), 189–192.
105	Kuhn, D., Schauble, L., & Garcia-Mila, M. (1992). Cross-domain development of scientific reasoning. *Cognition and Instruction, 9,* 285–327.
106	Kulik, C., Kulik, J., & Bangert-Drowns, R. (1990). Effectiveness of mastery learning programs: A meta-analysis. *Review of Educational Research, 60*(2), 265–306.
107	Kunkel, S. W. (2002). Consultant learning: A model for student-directed learning in management education. *Journal of Management Education, 26*(2), 121–138.
108	Lancaster, L. C., & Stillman, D. (2003). *When generations collide: Who they are. Why they clash. How to solve the generation puzzle at work.* New York: Harper Paperbacks.
109	Landsberger, J. (1996–2012). *Learning to learn: Metacognition.* Retrieved April 11, 2012, from http://www.studygs.net/metacognition.htm (text version at http://www.studygs.net/metacognitiona.htm)

110   Lang, J. M. (2012, January 17). Metacognition and student learning. *Chronicle of Higher Education*. Retrieved January 18, 2012, from http://chronicle.com/article/MetacognitionStudent/130327/?sid=at&utm_source=at&utm_medium=en

111   Lasry, N. (2008). Clickers or flashcards: Is there really a difference? *Physics Teacher, 46,* 242–244.

112   Leamnson, R. (2002). *Learning (your first job)*. Retrieved December 6, 2012, from http://www.udel.edu/CIS/106/iaydin/07F/misc/firstJob.pdf

113   Learning Centre, The. (2008). *Reflective writing*. University of New South Wales. Retrieved March 12, 2010, from http://www.lc.unsw.edu.au/onlib/reflect.html

114   Leff, L. L. (n.d.). *Contract grading in teaching computer programming*. Retrieved March 20, 2010, from http://www.wiu.edu/users/mflll/GRADCONT.HTM

115   Lieux, E. M. (1996). Comparison study of learning in lecture vs. problem-based format. *About Teaching, 50*(1), 18–19.

116   Lloyd, D. A. (1992). Commentary: Pass-fail grading fails to meet the grade. *Academic Medicine, 67*(9), 583–584.

117   Lochhead, J., & Whimbey, A. (1987). Teaching analytical reasoning through thinking aloud pair problem solving. In J. E. Stice (Ed.), *New directions for teaching and learning, No 30: Developing critical thinking and problem solving abilities* (pp. 73–92). San Francisco: Jossey-Bass.

118   Longhurst, N., & Norton, L. S. (1997). Self-assessment in coursework essays. *Studies in Educational Evaluation, 23*(4), 319–330.

119   Lovett, M. C. (2008, January). *Teaching metacognition*. Presented at the annual meeting of the Educause Learning Initiative (ELI), San Antonio, TX. Retrieved March 11, 2010, from http://net.educause.edu/upload/presentations/ELI081/FS03/Metacognition-ELI.pdf

120   MacDonald, L. T. (n.d.). Letter to next term's students. *On Course Newsletter*. Retrieved April 23, 2012, from http://www.oncourseworkshop.com/Staying%20On%20Course004.htm

121   Mānoa Writing Program. (n.d.). *Writing Matters #5: Helping students make connections: A self-assessment approach*. University of Hawaiʻi at Mānoa. Retrieved March 11, 2010, from http://mwp01.mwp.hawaii.edu/resources/wm5.htm

122   Masui, C., & de Corte, E. (2005). Learning to reflect and to attribute constructively as basic components of self-regulated learning. *British Journal of Educational Psychology, 75,* 351–372.

123   Mayer, R. E. (2005). Introduction to multimedia learning. In R. E. Mayer (Ed.), *The Cambridge handbook of multimedia learning* (pp. 1–15). New York: Cambridge University Press.

124   Mazur, E. (1997). *Peer instruction: A user's manual*. Upper Saddle Creek, NJ: Prentice Hall.

125   McClure, N. C. (2005). *Demonstrated the importance and significance of the subject matter background*. POD-IDEA Center Notes on Instruction, Item #4. Manhattan, KS: The IDEA Center. Retrieved February 27, 2012, from http://www.theideacenter.org/sites/default/files/Item4Formatted.pdf

引用文献

126 McCraty, R., & Tomasino, D. (2006). Emotional stress, positive emotions, and psychophysiological coherence. In B. B. Arnetz & R. Ekman (Eds.), *Stress in health and disease* (pp. 360–383). Weinheim, Germany: Wiley-VCH.

127 McDaniel, M. A., Howard, D. C., & Einstein, G. O. (2009). The Read-Recite-Review study strategy: Effective and portable. *Psychological Science, 20*(4), 516–522.

128 McDonald, B., & Boud, D. (2003). The impact of self-assessment on achievement: The effects of self-assessment training on performance in external examinations. *Assessment in Education, 10*(2), 209–220.

129 McGuire, S. (2008, November). *Using metacognition to effect an extreme academic makeover in students.* Session presented at the National Association of Geoscience Teachers (NAGT) Workshops: The Role of Metacognition in Teaching Geoscience, Carleton College, Northfield, MN. Retrieved January 17, 2012, from http://serc.carleton.edu/NAGTWorkshops/metacognition/mcguire.html

130 McGuire, S., Gosselin, D., Mamo, M., Holmes, M. A., Husman, J., & Rutherford, S. (2008, November). *Metacognitive learning strategies in all classes.* Session presented at the National Association of Geoscience Teachers (NAGT) Workshops: The Role of Metacognition in Teaching Geoscience, Carleton College, Northfield, MN. Retrieved January 15, 2012, from http://serc.carleton.edu/NAGTWorkshops/metacognition/tactics/28931.html

131 Mezeske, B. (2009). *The Graduate* revisited: Not "plastics" but "metacognition." *The Teaching Professor, 23*(9), 1.

132 Miller, T. M., & Geraci, L. (2011, January 24). Unskilled but aware: Reinterpreting overconfidence in low-performing students. *Journal of Experimental Psychology: Learning, Memory, and Cognition.* Advance online publication. doi: 10.1037/a0021802

133 Mischel, W., & Ayduk, O. (2002). Self-regulation in a cognitive-affective personality system: Attentional control in the service of the self. *Self and Identity, 1*(2), 113–120. doi: 10.1080/152988602317319285

134 Mischel, W., Shoda, Y., & Peake, P. (1988). The nature of adolescent competencies predicted by preschool delay of gratification. *Journal of Personality and Social Psychology, 54,* 687–696.

135 Mischel, W., Shoda, Y., & Rodriguez, M. L. (1989). Delay of gratification in children. *Science, 244,* 933–938.

136 Nathan, R. (2005). *My freshman year: What a professor learned by becoming a student.* Ithaca, NY: Cornell University Press.

137 Nicol, D. J., & Macfarlane-Dick, D. (2006). Formative assessment and self-regulated learning: A model and seven principles of good feedback practice. *Studies in Higher Education, 32*(2), 199–218.

138 Nilson, L. B. (2007). *The graphic syllabus and the outcomes map: Communicating your course.* San Francisco: Jossey-Bass.

139 Nilson, L. B. (2010). *Teaching at its best: A research-based resource for college instructors* (3rd ed.). San Francisco: Jossey-Bass.

140 Novak, J. D., & Gowin, B. D. (1984). *Learning how to learn.* Cambridge, UK: Cambridge University Press.

141   Nuhfer, E. B. (1996). The place of formative evaluations in assessment and ways to reap their benefits. *Journal of Geoscience Education, 44,* 385–394.

142   Nuhfer, E. B., & Knipp, D. (2003). The knowledge survey: A tool for all reasons. In C. Wehlburg & S. Chadwick-Blossey (Eds.), *To improve the academy. Resources for faculty, instructional, and organizational development, Vol. 21* (pp. 59–78). Boston, MA: Anker.

143   O'Grady, P. (2012). The Twitter generation: Teaching deferred gratification to college students. *National Teaching & Learning Forum, 21*(3), 6–8.

144   Orsmond, P., Merry, S., & Reiling, K. (2000). The use of student-derived marking criteria in peer and self-assessment. *Assessment and Evaluation in Higher Education, 25*(1), 23–38.

145   Ory, J. C., & Ryan, K. E. (1993). *Survival skills for college, Vol. 4: Tips for improving testing and grading.* Thousand Oaks, CA: Sage.

146   Ottenhoff, J. (2008, November). *Discussing metacognition: Metacognition, discussion boards, and the bard.* Session presented at the National Association of Geoscience Teachers (NAGT) Workshops: The Role of Metacognition in Teaching Geoscience, Carleton College, Northfield, MN. Retrieved January 17, 2012, from http://serc.carleton.edu/NAGTWorkshops/metacognition/ottenhoff.html

147   Ottenhoff, J. (2011). Learning how to learn: Metacognition in liberal education. *Liberal Education, 97*(3/4). Retrieved April 11, 2012, from http://www.aacu.org/liberaleducation/le-sufa11/ottenhoff.cfm?utm_source=pubs&utm_medium=blast&utm_campaign=libedsufa2011

148   Pacquette, L. (2011). The skills grid. *National Teaching & Learning Forum, 21*(2), 6–7.

149   Pasupathi, M. (2012). *How we learn.* The Great Courses, Course No. 1691. Chantilly, VA: Teaching Company.

150   Paul, R., & Elder, L. (2011). *The analysis and assessment of thinking.* Foundation for Critical Thinking. Retrieved November 28, 2012, from http://www.criticalthinking.org/pages/the-analysis-amp-assessment-of-thinking/497

151   Paulson, D. R. (1999). Active learning and cooperative learning in the organic chemistry lecture class. *Journal of Chemical Education, 76*(8), 1136–1140.

152   Peirce, W. (2006). *Strategies for teaching critical reading.* Retrieved December 19, 2008, from http://academic.pg.cc.md.us/~wpeirce/MCCCTR/critread.html

153   Perkins, D. (2008, November). *Learning portfolios and metacognition.* Session presented at the National Association of Geoscience Teachers (NAGT) Workshops: The Role of Metacognition in Teaching Geoscience, Carleton College, Northfield, MN. Retrieved January 17, 2012, from http://serc.carleton.edu/NAGTWorkshops/metacognition/perkins.html

154   Perry, W. G. (1968). *Forms of intellectual and ethical development in the college years: A scheme.* New York: Holt, Rinehart & Winston.

155   Pintrich, P. R. (2002). The role of metacognitive knowledge in learning, teaching, and assessing. *Theory into Practice, 41*(4), 219–225.

156   Pintrich, P. R., McKeachie, W. J., & Lin, Y. (1987). Teaching a course in learning to learn. *Teaching of Psychology, 14,* 81–86.

157   Pressley, M., & Ghatala, E. S. (1990). Self-regulated learning: Monitoring learning from text. *Educational Psychologist, 25,* 19–33.

引用文献

158　Pryor, J. H., Hurtado, S., DeAngelo, L., Palucki Blake, L., & Tran, S. (2011). *The American freshman: National norms fall 2010*. Los Angeles: Higher Education Research Institute, University of California, Los Angeles.

159　Resnick, M. D., Harris, L. J., & Blum, R. W. (1993). Caring and connectedness in adolescent health and well-being. *Journal of Paediatrics and Child Health, 29*(1), S3–S9.

160　Rhem, J. (1995). Going deep. *National Teaching & Learning Forum, 5*(1). Retrieved December 21, 2009, from http://www.ntlf.com/html/pi/9512/article2.htm

161　Rhem, J. (2011). Laura Gibbs: Online course lady. *National Teaching & Learning Forum, 21*(1), 1–5.

162　Rhode Island Diploma System. (2005). *Exhibition toolkit: Support student self-management and reflection*. Retrieved January 15, 2012, from http://www.ride.ri.gov/highschoolreform/dslat/exhibit/exhact_1003.shtml#t

163　Robins, L. S., Fantone, J. C., Oh, M. S., Alexander, G. L., Shlafer, M., & Davis, W. K. (1995). The effect of pass/fail grading and weekly quizzes on first-year students' performances and satisfaction. *Academic Medicine 70*(4), 327–329.

164　Roediger, H. L., III, & Butler, A. C. (2010). The critical role of retrieval practice in long-term retention. *Trends in Cognitive Sciences, 15*(1), 20–27. doi: 10.1016/j.tics.2010.09.003

165　Roediger, H. L., III, & Karpicke, J. D. (2006). The power of testing memory: Basic research and implications of the educational practice. *Perspectives on Psychological Science, 1*(3), 181–210. doi: 10.1111/j.1745-6916.2006.00012.x

166　Rohe, D. E., Barrier, P.A., & Clark, M. M. (2006). *The benefits of pass-fail grading on stress, mood, and group cohesion in medical school*. Retrieved April 2, 2010, from http://www.mayoclinicproceedings.com/content/81/11/1443.ful

167　Rohrer, D., Taylor, K., & Sholar, B. (2010). Tests enhance the transfer of learning. *Journal of Experimental Psychology: Learning, Memory, and Cognition, 36*(1), 233–239. Retrieved February 25, 2012, from http://uweb.cas.usf.edu/~drohrer/pdfs/Rohrer_et_al_2010JEPLMC.pdf

168　Rolf, J. S., Scharff, L., & Hodge, T. (2012, January). *Does "thinking about thinking" impact completion rates of pre-class assignments?* Session presented at the Joint Math Meetings of the Mathematical Association of America and the American Mathematical Society, Boston, MA.

169　Rose, B., Sablock, J., Jones, F., Mogk, D., Wenk, L., & Davis, L. L. (2008, November). *A scholarly approach to critical reasoning of the geosciences literature*. Session presented at the National Association of Geoscience Teachers (NAGT) Workshops: The Role of Metacognition in Teaching Geoscience, Carleton College, Northfield, MN. Retrieved January 15, 2012, from http://serc.carleton.edu/NAGTWorkshops/metacognition/group_tactics/28890.html

170　Ruohoniemi, M., & Lindblom-Ylänne, S. (2009). Students' experiences concerning course workload and factors enhancing and impeding their learning—a useful resource for quality enhancement in teaching and curriculum planning. *International Journal for Academic Development, 14*(1), 69–81.

171　Samson, P. (2008, November). *MegaCognition: Metacognition for large classes*. Session presented at the National Association of Geoscience Teachers (NAGT) Workshops: The Role of Metacognition in Teaching Geoscience, Carleton College, Northfield, MN. Retrieved January 18, 2012, from http://serc.carleton.edu/ NAGTWorkshops/metacognition/samson.html

172 Samson, P., Sibley, D., Briles, C., McGraw, J., Jones F., & Brassell, S. (2008, November). *A tactic to actively promote metacognitive skills as learning strategies in classroom activities using LectureTools*. Session presented at the National Association of Geoscience Teachers (NAGT) Workshops: The Role of Metacognition in Teaching Geoscience, Carleton College, Northfield, MN. Retrieved January 16, 2012, from http://serc .carleton.edu/NAGTWorkshops/metacognition/tactics/28934.html

173 Savin Baden, M., & Major, C. H. (2004). *Foundations of problem-based learning*. Berkshire, UK: Society for Research into Higher Education and Open University Press.

174 Schell, J. (2012, September 4). How one professor motivated students to read before a flipped class, and measured their effort. Turn to Your Neighbor blog. Retrieved September 8, 2012, from http://blog.peerinstruction.net/2012/09/04/how -one-professor-motivated-students-to-read-before-a-flipped-class-and-measured -their-effort/

175 Schoenfeld, A. H. (2010). *How we think: A theory of goal-oriented decision making and its educational applications*. New York: Routledge.

176 Schraw, G. (1998). Promoting general metacognitive awareness. *Instructional Science, 26,* 113–125. Retrieved March 12, 2010, from http://www.springerlink .com/content/w884l0214g78445h/

177 Schraw, G., & Dennison, R. S. (1994). Assessing metacognitive awareness. *Contemporary Educational Psychology, 19,* 460–475. Available through http://wiki .biologyscholars.org/@api/deki/files/99/=Schraw1994.pdf

178 Schunk, D. H. (1989). Self-efficacy and achievement behaviors. *Educational Psychology Review, 1,* 173–208.

179 Schunk, D. H., & Zimmerman, B. J. (Eds.). (1998). *Self-regulated learning: From teaching to self-reflective practice*. New York: Guilford Press.

180 Schwartz, B., & Sharpe, K. (2012, February 19). Colleges should teach intellectual virtues. *Chronicle of Higher Education*. Retrieved February 20, 2012, from http:// chronicle.com/article/Colleges-Should-Teach/130868/

181 Schwarzmueller, A. (2010, February). *Engaging students in reflecting on their learning*. Session presented at the annual Lilly South Conference on College Teaching, Greensboro, NC. Available at https://blackboard.uncg.edu/bbcswebdav/xid -1494725_1

182 Self-Regulated Learning Program, The. (n.d.). The Self-Regulated Learning Program (blog; multiple contributors). Retrieved November 23, 2012, from http:// www.selfregulatedlearning.blogspot.com/

183 Shoda, Y., Mischel, W., & Peake, P. (1990). Predicting adolescent cognitive and social competence from preschool delay of gratification: Identifying diagnostic conditions. *Developmental Psychology, 26,* 489–493.

184 Siegler, R. S., & Jenkins, E. (1989). *How children discover new strategies*. Hillsdale, NJ: Erlbaum.

185   Singleton-Jackson, J. A., Jackson, D. L., & Reinhardt, J. (2010). Students as con-
       sumers of knowledge: Are they buying what we're selling? *Innovative Higher Edu-
       cation, 35*(4), 343–358.

186   Sluijsmans, D., Dochy, F., & Moerkerke, G. (1999). Creating a learning environ-
       ment by using self-, peer-, and co-assessment. *Learning Environments Research, 1,*
       293–319.

187   Soloman, B. A., & Felder, R. M. (n.d.). *Index of Learning Styles questionnaire.*
       Retrieved February 1, 2012, from http://www.engr.ncsu.edu/learningstyles/
       ilsweb.html

188   Stallings, W. M., & Smock, R. (1971). The pass-fail grading option at a state
       university: A five-semester evaluation. *Journal of Educational Measurement,
       8*(3), 153–160. Retrieved April 2, 2010, from http://www.jstor.org/stable/
       1434384

189   Steel, P. (2007). The nature of procrastination: A meta-analytic and theoretical review
       of quintessential self-regulatory failure. *Psychological Bulletin, 133*(1), 65–94. doi:
       10.1037/0033-2909.133.1.65

190   Stern, L. E., & Solomon, A. (2006). Effective faculty feedback: The road less
       traveled. *Assessing Writing, 11,* 22–41. Retrieved April 23, 2012, from http://www
       .sciencedirect.com/science/article/pii/S1075293505000656

191   Stevens, D. D., & Levi, A. J. (2005). *Introduction to rubrics: An assessment tool to save
       grading time, convey effective feedback, and promote student learning.* Sterling, VA:
       Stylus.

192   Sullivan, C. S., Middendorf, J., & Camp, M. E. (2008). Engrained study habits and
       the challenge of warm-ups in just-in-time teaching. *National Teaching & Learning
       Forum, 17*(4), 5–8.

193   Suskie, L. (2004). *Assessing student learning: A common sense guide.* San Francisco:
       Jossey-Bass.

194   Svinicki, M. (2004). *Learning and motivation in postsecondary classrooms.* San Fran-
       cisco: Jossey-Bass.

195   Tai-Seale, T. (2001). Liberating service-learning and applying new practice. *College
       Teaching, 49*(1), 14–18.

196   Tinnesz, C. G., Ahuna, K. H., & Kiener, M. (2006). Toward college success: Inter-
       nalizing active and dynamic strategies. *College Teaching, 54*(4), 302–306.

197   Tough, P. (2012). *How children succeed: Grit, curiosity, and the hidden power of char-
       acter.* New York: Houghton Mifflin Harcourt.

198   Twenge, J. M. (2007). *Generation me: Why today's young Americans are more confident,
       assertive, entitled and more miserable than ever before.* New York: Free Press.

199   University of Minnesota Libraries in collaboration with the Center for Writing.
       (2011). *Assignment calculator: You* can *be the clock.* Retrieved January, 19, 2012,
       from http://www.lib.umn.edu/help/calculator/

200   Vekiri, I. (2002). What is the value of graphical displays in learning? *Educa-
       tional Psychology Review, 14*(3), 261–312. Retrieved December 1, 2010, from
       http://deepblue.lib.umich.edu/bitstream/2027.42/44453/1/10648_2004
       _Article_374334.pdf

201   Venditti, P. (2010, June 10). Re: End of semester sanity strategies? Message posted to the POD Network electronic mailing list, archived at https://listserv.nd.edu/cgi-bin/wa?A2=ind1006&L=POD&T=0&F=&S=&P=67803

202   von Wittich, B. (1972). The impact of the pass-fail system upon achievement of college students. *Journal of Higher Education, 43*(6), 499–508. Retrieved April 2, 2010, from http://www.jstor.org/stable/1978896?seq=1

203   Vosti, K. L., & Jacobs, C. D. (1999). Outcome measurement in postgraduate year one of graduates from a medical school with a pass/fail grading. *Academic Medicine, 74*, 547–549.

204   Wandersee, J. (2002a). Using concept circle diagramming as a knowledge mapping tool. In K. Fisher, J. Wandersee, & D. Moody (Eds.), *Mapping biology knowledge* (pp. 109–126). Dordrecht, The Netherlands: Springer Netherlands.

205   Wandersee, J. (2002b). Using concept mapping as a knowledge mapping tool. In K. Fisher, J. Wandersee, & D. Moody (Eds.), *Mapping biology knowledge* (pp. 127–142). Dordrecht, The Netherlands: Springer Netherlands.

206   Weimer, M. (2002). *Learner-centered teaching: Five key changes to practice*. San Francisco: Jossey-Bass.

207   Williamson, O. M. (2012). *First-year student time management calculator*. Retrieved October 22, 2012, from http://utminers.utep.edu/omwilliamson/calculator1.htm

208   Wilson, M. (2008, November). *"Well, little Johnny . . . ."* Session presented at the National Association of Geoscience Teachers (NAGT) Workshops: The Role of Metacognition in Teaching Geoscience, Carleton College, Northfield, MN. Retrieved January 18, 2012, from http://serc.carleton.edu/NAGTWorkshops/metacognition/wilson.html

209   Wilson, M., Wenk, L., & Mogk, D. (2008, November). *Reflective writing to construct meaning*. Session presented at the National Association of Geoscience Teachers (NAGT) Workshops: The Role of Metacognition in Teaching Geoscience, Carleton College, Northfield, MN. Retrieved January 16, 2012, from http://serc.carleton.edu/NAGTWorkshops/metacognition/tactics/28928.html

210   Wirth, K. R. (2008a, November). *A metacurriculum on metacognition: Cultivating the development of lifelong learners*. Opening keynote address presented at the National Association of Geoscience Teachers (NAGT) Workshops: The Role of Metacognition in Teaching Geoscience, Carleton College, Northfield, MN. Retrieved January 16, 2012, from http://serc.carleton.edu/NAGTWorkshops/metacognition/wirth.html

211   Wirth, K. R. (2008b, November). *Learning about thinking and thinking about learning: Metacognitive knowledge and skills for intentional learners*. Session presented at the National Association of Geoscience Teachers (NAGT) Workshops: The Role of Metacognition in Teaching Geoscience, Carleton College, Northfield, MN. Retrieved March 11, 2010, from http://serc.carleton.edu/NAGTWorkshops/metacognition/workshop08/participants/wirth.html

212   Wirth, K. R. (n.d.). Reading reflections—The role of metacognition in teaching geoscience: Topical resources. Retrieved September 10, 2012, from http://serc.carleton.edu/NAGTWorkshops/metacognition/activities/27560.html

引用文献

213　Wirth, K. R., Lea, P., O'Connell, S., Han, J., Gosselin, D., & Ottenhoff, J. (2008, November). *Finding meaning in the introductory science course*. Session presented at the National Association of Geoscience Teachers (NAGT) Workshops: The Role of Metacognition in Teaching Geoscience, Carleton College, Northfield, MN. Retrieved January 15, 2012, from http://serc.carleton.edu/NAGTWorkshops/metacognition/group_tactics/28894.html

214　Wirth, K. R., & Perkins, D. (2005, April). *Knowledge surveys: The ultimate course design and assessment tool for faculty and students*. Paper presented at Proceedings of the Innovations in the Scholarship of Teaching and Learning Conference, Northfield, MN. Retrieved February 7, 2012, from http://www.macalester.edu/geology/wirth/WirthPerkinsKS.pdf

215　Wirth, K. R., & Perkins, D. (2008a, November). *Knowledge surveys*. Session presented at the National Association of Geoscience Teachers (NAGT) Workshops: The Role of Metacognition in Teaching Geoscience, Carleton College, Northfield, MN. Retrieved March 11, 2010, from http://serc.carleton.edu/NAGTWorkshops/assess/knowledgesurvey/

216　Wirth, K. R., & Perkins, D. (2008b). *Learning to learn*. Retrieved May 12, 2010, from http://www.macalester.edu/geology/wirth/learning.pdf

217　Young, J. R. (2011, August 7). Professors cede grading power to outsiders—even computers. *Chronicle of Higher Education*. Retrieved August 8, 2011, from http://chronicle.com/article/To-Justify-Every-A-Some/128528/

218　Yu, S., Wenk, L., & Ludwig, M. (2008, November). *Knowledge surveys*. Session presented at the National Association of Geoscience Teachers (NAGT) Workshops: The Role of Metacognition in Teaching Geoscience, Carleton College, Northfield, MN. Retrieved January 16, 2012, from http://serc.carleton.edu/NAGTWorkshops/metacognition/tactics/28927.html

219　Zander, R. S., & Zander, B. (2000). *The art of possibility: Transforming professional and personal life*. Cambridge, MA: Harvard University Business Press.

220　Zimmerman, B. J. (1998). Developing self-fulfilling cycles of academic regulation: An analysis of exemplary instructional models. In D. H. Schunk & B. J. Zimmerman (Eds.), *Self-regulated learning: From teaching to self-reflective practice* (pp. 1–19). New York: Guilford.

221　Zimmerman, B. J. (2001). Theories of self-regulated learning and academic achievement: An overview and analysis. In B. J. Zimmerman & D. H. Schunk, (Eds.), *Self-regulated learning and academic achievement: Theoretical perspectives* (pp. 1–38). Mahwah, NJ: Lawrence Erlbaum Associates.

222　Zimmerman, B. J. (2002). Becoming a self-regulated learner: An overview. *Theory Into Practice, 41*(2), 64–70.

223　Zimmerman, B. J., Moylan, A., Hudesman, J., White, N., & Flugman, B. (2011). Enhancing self-reflection and mathematics achievement of at-risk students at an urban technical college. *Psychological Test and Assessment Modeling, 53*(1), 141–160. Retrieved October 29, 2012, from http://p16277.typo3server.info/fileadmin/download/ptam/1-2011_20110328/07_Zimmermann.pdf

224　Zimmerman, B. J., & Schunk, D. H. (2001). *Self-regulated learning and academic achievement: Theoretical perspectives*. Mahwah, NJ: Lawrence Erlbaum Associates.

225 Zimmerman, B. J., & Schunk, D. H. (2003). Albert Bandura: The scholar and his contributions to educational psychology. In B. J. Zimmerman & D. H. Schunk (Eds.), *Educational psychology: A century of contributions* (pp. 431–457). Mahwah, NJ: Lawrence Erlbaum Associates.

226 Zubizarreta, J. (2004). *The learning portfolio: Reflective practice for improving student learning.* Bolton, MA: Anker.

227 Zubizarreta, J. (2009). *The learning portfolio: Reflective practice for improving student learning* (2nd ed.). San Francisco: Jossey-Bass.

228 Zull, J. E. (2011). *From brain to mind: Using neuroscience to guide change in education.* Sterling, VA: Stylus.

著者について

　リンダ・ニルソンは，クレムゾン大学の教育効果改革オフィス（OTEI）の創立時の責任者であり，現在，第3版が出版されている *"Teaching at Its Best: A Research-Based Resource for College Instructors*（ベストな状態で教育を—大学教員のための研究に依拠したリソース—）"（Jossey-Bass，2010）と *"The Graphic Syllabus and the Outcomes Map: Communicating Your Course*（図解シラバスと成果マップ—あなたの授業科目をよりよく伝えるために—）"（Jossey-Bass，2007）の著者である。また，*"Enhancing Learning With Laptops in the Classroom*（学びを向上する教室でのノートパソコンの活用）"（Jossey-Bass，2005），25巻から28巻にわたる *"To Improve the Academy: Resources for Faculty, Instructional, and Organizational Development*（高等教育の改善—学部，教育，組織の開発のためのリソース—）"（Anker，2007，2008; Jossey-Bass，2009，2010），他にも高等教育の専門職・組織開発（POD）ネットワークの主要な出版物の共編者でもある。

　さらに，ニルソン博士は，多くの論文や書籍の章を執筆して出版してきており，国内外の大学で，学会のセッションや学部等の組織のワークショップで発表を行ってきている。コースデザイン，教育の効果性，評価，学術研究の生産性，アカデミック・キャリアの問題など，テーマは多数に及ぶ。最近の論文では，FDに関するキャリアの不安定性，学生の評価の妥当性に関する深刻な問題について実証的に取り組んでいる。

　クレムゾン大学に来る前，ニルソン博士は，ヴァンダービルト大学とカリフォルニア大学リバーサイド校の教育センターの管理職であったが，そこで，ティーチング・アシスタントの養成にあたって，全学で中央に集中させる方式から脱却して「学問領域でのクラスター」による手法を開発している。また，大学院で大学教育に関するセミナーを担当し，教育にもあたってきた。UCLAの社会学部にいたころに，教育／FDの領域に参入した。学部において優れた授業者として認められて，ティーチング・アシスタント養成プログラムの立ち上げと，その指導者の任に抜擢されている。社会学での研究は，職業と労働，社会階層，政治社会学，災害時の行動を専門としている。

　ニルソン博士は，PODネットワーク，メンサのトーストマスターズ・インターナショナル，南部地域の学部・教育開発コンソーシアムにおいて長らくリーダーの位置にある。ウィスコンシン大学マディソン校において国立科学財団のフェローとなり，そこで，社会学の博士号と修士号を取得している。また，カリフォルニア大学バークレー校では3年間で学部を修了し，全米優等学生友愛会の会員にも選ばれている。

索　引

● 事項索引

あ
アクティブ・リスニング・チェック　60, 61, 134, 141, 150
足場づくり　68

い
意志　9, 14
イメージ化　11
インターンシップ　64, 69, 71, 126, 127, 157

う
嘘つきログ　109

え
エゴ・レジリエンス　15, 101

お
覚えること　20
オンライン・フォーラム　164

か
概観　42
概念マップ　3, 44, 46, 48, 61, 77, 109, 136, 154
48
概念地図法　46
学習（あなたが最初にすべきこと）　20, 153
学習管理システム　153
学習ゲームの計画　92, 135, 141, 148
学習サイクル　37
学習志向性　80
学習スタイルの次元　20
学習性無力感　103
学習日誌　97, 109

学習方略　3, 10, 59, 86, 98, 151
学習ポートフォリオ　17
学習ログ　154
課題価値　5
課題に関する知識　3
課題方略　11
価値　12, 63
価値が加わった最終レポート　30, 115
活性化された知識の共有　51, 123
環境　6
感情コントロール　xiii
完全習得学習　130

き
規準　77, 125, 127
基準　125
帰属　xii
期待　11
教室における評価の方法（CAT）　38, 58, 67, 96, 131, 147
競争　106
興味　12, 70, 118

く
クイック・シンク　55, 123, 124
クリッカー　52
クリッカーによる質問　52, 53, 123
クロス・リンク　48, 136

け
計画　10, 25, 101, 109
形成的評価　81
原因帰属　11
研究論文　64, 73, 76
検索誘導性忘却　43

検索練習　43, 53, 57, 61, 134, 155
検索練習パラダイム　43
現象学　9

こ

講義　51
構成主義　9
行動　6
行動主義　9
コースデザイン　17, 145
誤概念　115, 124, 125, 140
固定的知能観　3, 9
誤答分析　65, 81, 167
これから受講する人たちに向けての手紙　117
コンサルタント・ラーニング　130
コンセプテスト　52
コンセプト　47, 48
コンセプト・サークル・ダイアグラム　48, 154
コンピテンシー・ベースの教育　131

さ

サービス・ラーニング　64, 69, 70, 72, 126, 127,
　　135, 142, 157
最終試験　126
細目（スペック）　126, 127, 128, 139, 144
細目による成績評価　127, 128, 129, 130, 132, 133,
　　134, 137, 139, 143
先延ばし　101, 102, 103, 107, 110, 111, 135, 159

し

自己調整学習スキル　42
視覚的な学習ツール　44, 46, 60, 154
時間管理　6
試験　81, 135, 141, 155, 165
自己概念　2, 70
自己覚知　107
自己観察　6, 9, 11, 36, 79
自己教示　11
自己規律　xvii, xviii, 4, 6, 15, 37, 79, 101, 151
自己記録　11
自己効力感　8, 12, 14, 70, 107, 116
自己効力信念　xii, 5, 11

自己主導　1, 2, 7, 15
自己省察　xiii, xiv, 11, 65, 85
自己調整　xii, xv, xvii, 4, 6, 12, 13, 14, 15, 16, 17,
　　22, 26, 50, 53, 101, 149
自己調整学習　xii, xvii, xx 1, 3, 4, 5, 8, 12, 13, 15,
　　17, 19, 22, 23, 32, 37, 51, 52, 65, 72, 75, 78, 82,
　　86, 95, 96, 104, 113, 114, 117, 125, 129, 133,
　　140, 145, 147, 150, 151, 153, 156, 161
自己調整学習者　xvi, 64
自己調整学習スキル　24, 25, 46, 52, 60, 74, 76, 77,
　　79, 90, 94, 95, 97, 116, 118, 119, 133, 134, 148,
　　165, 169, 170
自己調整学習方略　16, 79
自己調整学習ポートフォリオ　79
自己調整行動　101
自己調整スキル　51, 57, 75
自己調整学習スキル　164
自己調整のためのチェックリスト　10
自己テスト　41, 44, 53, 61, 85, 155
自己統制　4, 101, 102
自己評価　xii, 9, 11, 13, 19, 23, 26, 29, 32, 37, 43,
　　57, 74, 78, 79, 86, 87, 90, 94, 99, 124, 125, 126,
　　140, 142, 150, 152, 156, 165, 169
自己評価プロセス　77
自己モニタリング　xii, 9, 150, 169
自省　15
自尊感情　xviii, 101
下見　42
質問　42
自分自身に関する知識　3
シミュレーション　64, 69, 72, 73, 126, 127, 128,
　　135, 142, 151, 157
社会的な認知理論　8
ジャンル別の内容に関する質問　36, 39, 41
修正方略　25
授業者の方略　109
授業に出る前の自分への手紙　115
熟達者　9, 11
熟慮された練習　xiii, 7
生涯学習者　1, 119, 169
生涯学習スキル　146
条件的知識　25

索　引

省察　74
小テスト　81, 122, 124, 134, 155, 165, 168
衝動性　102
情報　20
情報管理方略　25
情報処理理論　9
「将来の活用法」をまとめるレポート　116, 126, 127
職業辞典（DOT）　127
職業志望　70
初心者　9
シラバス　33, 110
事例研究　64
シンク・ペア・シェア　162
真正で曖昧な問題　66, 126, 127, 134, 142

す
遂行コントロール　xiii
遂行／意志コントロール　11
数学　64
図解シラバス　44, 198
スキーマ　35
スキルの表　117, 135, 136
ストレスマネジメント　15, 101

せ
性格　5
成果マップ　44, 187
誠実性　102
成績評価　16, 74, 115, 121, 122, 124, 125, 126, 127, 128, 129, 137, 139, 140, 141, 143, 144, 157
成績評価システム　129
精緻化　3
宣言的知識　25

そ
総括的評価　81
想起の自己テスト　42
組織化方略　61
ソフトスキル　147

た
大学進学適性試験（SAT）　101
体験学習　64, 126, 128, 135, 157
体制化　3
代理貨幣　106
タキソノミー　31, 41, 58, 71, 82, 83, 84, 162

ち
チーム力　147
遅延自由再生　42
知識　20
知識に関する調査　84, 85, 96, 116, 134, 135
知識に関する調査票　30, 32
知的徳　15
注意の焦点化　11

て
テストエッジ・プログラム　12
テスト効果　43
テスト後の分析　92
テストの青写真　83
テストの事後分析　92
テスト批判的分析　92
テスト不安　12
手続き的知識（PK）　25

と
動機づけ　xii, 11, 14
統制感　14
統制の所在　7, 94, 107
トータル・リコール・ラーニング（TRL）　43
読解　42

な
内省　4
内省的作文　27, 36, 37, 70, 72, 98, 115, 162, 163, 164
内省的な誠実さ　15, 79
内発的興味　11
内発的動機づけ　5

に
認知操作　31, 58, 71, 84

は
発話思考　56, 96, 123, 124
パラレルカリキュラム　161, 163
反転授業　35

ひ
批判的思考　xvi, 20, 48, 162, 164, 170
評価　10, 25

ふ
フィードバック　43
フィールドワーク　64, 69, 71, 126, 127, 135, 142,
　　151, 157
フラッシュカード　43
プランニング　169
ブルームのタキソノミー　31, 53, 84, 162
ブレーンストーミング　23, 83, 122, 123
プロジェクト　64, 73, 76

へ
ベン図　48

ほ
忘却曲線　43
報酬　106, 111
方略　xii, 114, 167, 170
方略に関する知識　3
ポートフォリオ　64, 76, 77, 78, 99, 127, 128, 135,
　　142, 157, 158, 161, 163
ポジティブ・ディストラクター　105
補習　156, 165, 166, 167, 168

ま
マインド・ダンプ　44, 134, 155
マインド／知識のマトリックス　154
マインドマッピング　48
マインドマップ　44, 46, 48, 61, 136, 154
マスタリー・スコアリング・システム　xv
マスタリー・ラーニング　130

「学ぶことの学習」　20
満足の遅延　xii, 5, 7, 101

み
見直しシート　87, 88, 89, 168
ミニッツ・ペーパー　58, 59, 134, 141, 150

め
メタ課題　xiv, 15, 17, 63, 65, 66, 67, 68, 71, 73, 76,
　　79, 87, 99, 126, 127, 128, 134, 135, 142, 150,
　　159, 165
メタ認知　xii, xiii, xvii, 6, 20, 53, 86, 135, 142, 143,
　　148, 161
メタ認知的活動質問紙（MCAI）　24, 114, 134
メタ認知の気づき質問紙　24, 114, 134, 136
メタ認知的経験　15
メタ認知的思考　95, 115
メタ認知的スキル　25, 27, 37, 53, 58, 114, 140,
　　150
メタ認知的知識　6
メタ認知能力　59
メタ分析　102

も
目標志向性　11
目標設定　xii, 11, 22, 78, 79, 85, 101, 109, 153, 169
モデル　16
モニタリング　10, 25

よ
要約と言い換え　88, 89
予見　xiii, 11

ら
ライティング　88, 168
ライティングスキル　17
ラッパー　xiv, 16, 17, 62, 63, 67, 94, 141, 148, 150,
　　155, 158, 159, 163

り
リーダーシップ　147
理解すること　20

索　引

リハーサル　3, 43

る
ルーブリック　55, 74, 117, 125, 126, 127, 128, 132, 134, 135, 138, 139, 144, 150

れ
レビューシート　83, 84, 141

ろ
ロールプレイ　64, 69, 72, 73, 126, 127, 128, 135, 142, 151, 157

●A〜Z

C
CAT　38, 59, 67, 131, 147

E
e ポートフォリオ　76

J
JiTT（Just-in-Time Teaching）　14, 39, 164

L
Learning（your first job）（学ぶこと〈あなたが最初にすべきこと〉）　20

M
MCAI（Metacognitive Activities Inventory）　24

P
PBL（problem-based learning）　64, 66, 69, 142, 157
PQR3　42, 123

R
RSQ3R　123
RSQC2　59, 134, 141, 150

S
SAT　13, 101
SQ3R　42
STEM　17, 24

● 人名索引

ア
アイザックソン（Isaacson, R. M.）85, 86
アチャコソ（Achacoso, M. V.）94
アンジェロ（Angelo, T. A.）67
アンダーソン（Anderson, L. W.）31, 41, 58, 82, 84

ウ
ヴィゴツキー（Vygotsky, L. S.）9
ウィルソン（Wilson, M.）95
ヴィルト（Wirth, K. R.）xx, 20, 22, 23, 31, 39, 85, 114, 146, 154, 158, 161, 162, 163, 164, 165
ウェンク（Wenk, L.）85
ヴェンディッティ（Venditti, P.）132, 137
ウレーニャ（Sandi-Urena, S.）24, 114

エ
エイラー（Eyler, J.）70
エビングハウス（Ebbinghaus, H.）43
エリオット（Elliott, D.）16
エリクソン（Ericsson, K. A.）7
エルダー（Elder, L.）164

オ
オ・グレイディ（O'Grady, P.）105, 106
オッテンホフ（Ottenhof, J.）96

カ
カーパイク（Karpicke, J. D.）42
カルマン（Kalman, C. S.）37, 38, 131, 141, 154

ク
クーパー（Cooper, J.）55
クーパー（Cooper, M. M.）24, 114
クラスウォール（Krathwohl, D. R.）31, 41, 58, 82, 84
クラフト（Kraft, K.）28, 115, 125, 158
グリフィス（Griffiths, E.）28, 29, 115, 126, 158
クルジャー（Kruger, J.）14
クロス（Cross, P. K.）67

クロスビー（Crosby, S.）xx, 87, 89
グロスマン（Grossman, R.）9
クンケル（Kunkel, S. W.）131, 137

コ
コギシャル（Coggeshall, J.）xx, 29, 30, 115, 126, 158
ゴスリン（Gosselin, D.）61
コバン（Cobern, W.W.）115
コルブ（Kolb, D. A.）21

サ
サスキー（Suskie, L.）71, 83, 115
サムソン（Samson, P.）53
ザンダー（Zander, B.）22
ザンダー（Zander, R. S.）22

シ
ジマーマン（Zimmerman,B.J.）xiii, xv, 9, 12, 64, 65, 85, 87, 146, 156, 158, 165, 166, 167
シャープ（Sharpe, K.）15
ジャイルズ（Giles, D. E., Jr.）70
シャンク（Schunk, D. H.）xiii, 9
シュヴァルツ（Schwartz, B.）15
シュライファー（Schleifer, L.）xvi, xx
ジョンストン（Johnston, S.）55

ス
スクロー（Schraw, G.）6, 9, 12, 25, 114
スビニッキー（Svinicki, M.）127

タ
ダニング（Dunning, D.）14

チ
チュウ（Chew, S.）53, 58

テ
デービス（Davis, G. R.）118
デニソン（Dennison, R. S.）25, 114
デビッドソン（Davidson, C.）130, 137

ニ
ニルソン（Nilson, L. B.）xii, xv, 84, 187

ハ
パーキンス（Perkins, D.）xx, 20, 22, 23, 31, 63, 79, 85, 90, 114, 146, 149, 158, 161, 162, 163, 165
バークレイ（Barkley, E. F.）90
バーンズ（Burns, D. D.）110, 136
パスパシー（Pasupathi, M.）146
バンデューラ（Bandura, A.）8, 14

ヒ
ビーン（Bean, J. C.）154
ヒューズマン（Hudesman, J.）xx, 166, 167
ヒュスマン（Husman, J.）61
ピントリッチ（Pintrich, P. R.）33, 149, 161

フ
フィンク（Fink, L. D.）21, 162
ブラウン（Brown, T.）71
ブランスフォード（Bransford, J. D.）9
ブルーム（Bloom, B.）31, 41, 58, 71, 82, 84, 162

ヘ
ペリー（Perry, W. G.）21, 162

ホ
ホームズ（Holmes, M. A.）61
ポール（Paul, R.）164
ポールソン（Paulson, D. R.）141

マ
マグァイア（McGuire, S.）xvii, 37, 61
マモ（Mamo, M.）61

メ
メーザー（Mazur, E.）52

ユ
ユー（Yu, S.）85

ラ
ラザフォード（Rutherford, S.）61
ラスリー（Lasry, N.）52
ラドウィグ（Ludwig, M.）85
ラビング（Loving, C. C.）115
ラベット（Lovett, M. C.）60, 61, 64
ランツベルガー（Landsberger, J.）26, 36

リ
リームンソン（Leamnson, R.）20, 153

ロ
ローズ（Rose, B.）71
ローディガー（Roediger, H. L.）42
ローワー（Rohwer, B.）xii
ロバット（Lovett, M. C.）16

ワ
ワズ（Was, C. A.）85, 86

監訳者あとがき

　グローバリゼーションや少子高齢化が進む日本において，人材育成はこれまで以上に重要な役割を担うようになってきている。このような社会の急速な変化のなか，大学教育や企業研修において，アクティブラーニングの重要性が認識されてきた。どのように授業を改善すればよいかの本も数多く見かけるようになった。しかしながらそこに，認知心理学や学習科学，教育工学などの研究知見が活かされているものが少ないと感じている。また教育現場では，教育学や心理学を専門としない担当者たちは，そういった研究成果を知る機会がなかったり，あるいは知っていたとしても，自分の経験から作り上げてきた自分なりの方法で十分だと思っているのかもしれない。

　本書の存在を知ったきっかけは，2015年11月に米国オレゴン州ポートランドで開催されたCRLA（College Reading and Writing Association）の年次大会のウェブサイトである。そこにOne Book, One Conference（今年の大会の1冊）として本書の紹介が掲載されていた。残念ながら日程が合わずこの大会には参加できなかったので，この本を読んでみようと取り寄せたところ，150ページほどの薄手のペーパーバックだった。そこには大学の授業について，学期の始まり，途中，終わりの効果的な設計方法や，小テストや評価についての実施時期や内容が，授業分野に関わらない，共通の方法として簡潔にまとめられていた。

　単なるヒント集でなく，そこには一貫した理論と多くの研究の裏づけが存在した。そして何よりそれは，学生が在学中だけでなく，社会に出てからも自分の学んでいる過程を意識し，能動的に関与していけるよう育てるものであるところに焦点が当てられていた。世界が急速に変化するなかで，われわれ大学教育に関わる者の使命は，専門的な知識だけでなく，生涯学び続ける力，方法を身につける機会を提供することだと考えている私にとって，本書はまさにアクティブラーニングの先へ進むべき方向だと思った。

　米国では1960年代中ごろには，大学進学率が50％を超え，大学の大衆化が始まった。それにあわせるように，初年次教育を実施したり，授業方法を改良

したり，ライティングセンターやラーニングセンターなどの課外学習支援組織を開設してきている。1980年代には，アクティブラーニングの議論が始まっている。本書はそういった流れのなかで生まれてきており，現在の日本の大学が置かれている状況で，その歴史と蓄積から学ぶことは多くある。

　私はこれまで情報工学，教育学，認知心理学を学び，それらを土台として仲間とともに学習環境をデザインしてきた。学習環境のデザインとは，目的，対象，要因，学習に至るまでの過程を意識した活動である。そこに関わる人々の活動を物理的環境も含めて組織化し，実践しながら，ふり返り，位置づけ，修正していくという，構成的で，循環的な，環境に開いた学習環境を創造する行為を指す。

　そのなかでも重要だと考えてきたのが，学習の共同性と社会性である。学習の共同性とは，二人以上の人間が，協調的に活動することによって理解が深化するという学習の特性である。一方，学習の社会性とは，学習は社会的に意味のある活動のなかで動機づけられるという学習の特性である。この学習の共同性と社会性は，メタ認知と動機づけの研究が深く関係している。メタ認知の概念に，学習および知識の共同性を導入し，動機づけを，個人の問題から共同体への参加としてとらえ直すことで，共同や参加によって理解が深化し，学習意欲が得られる可能性がある。

　本書の原著タイトルにある Self-Regulated Learning は，日本では「自己調整学習」として，『自己調整学習ハンドブック』（2014）をはじめ，いくつかの本が出版されている。自己調整学習は，本書のはしがきに寄稿しているジマーマンが中心となって1990年代に提唱しはじめた，学習者が自身の学習過程に対して能動的に関与することに関する理論である。学習者の認知的な側面だけでなく，情動をも包括する理論である。3つの基本要素として，動機づけ，学習方略，メタ認知がある。動機づけでは自己効力感が，学習方略では認知的方略とともに情動的方略が，メタ認知ではモニタリングとコントロールが深く関わっているとする。こういったことから，自己調整学習の理論とその応用は，私にとってとてもなじみのよいものであった。

　これまで自己調整学習に関わる本は，研究者向け，あるいは初等中等教育の実践家向けがほとんどだったが，本書は高等教育者向けとなっている。翻訳に

監訳者あとがき

あたっては，自己調整学習研究の第一人者であり，これまで多くの翻訳や専門書を手掛けている伊藤崇達さんに中心となっていただき，若手研究者チームを率いていただいた。そのなかには，私が代表を務める科学研究費助成金による研究課題「大学生の3段階成長モデルの確立とその育成支援システムの開発」のメンバーも含まれている。本書をなるべく早く，多くの日本の高等教育関係者に知らせたいという私の思いをご理解いただき，様々な困難がある状況にもかかわらず，かなりの短期間で実現していただいた。また翻訳の校正にあたっては，この科研チームで読書会を開き，内容について検討した。この場を借りて関係者のみなさまに厚く御礼申し上げます。

　本書は，日々大学生と向き合っている様々な分野の教員や職員，様々な組織で研修を設計したり実施している多くの方々に，ぜひお読みいただきたいと思っている。本文中には専門的な概念，用語などが多く含まれていることから，翻訳にあたっては，なるべく専門用語としての訳語を残すことにした。なぜなら，読者がそれらを専門用語であると認識し，それらの用語を専門書などで調べる際に役立ち，さらにそれが深い理解へとつながると考えたからである。

　しかしながらそのことは，日本語としてしっくりこない部分を残す結果となってしまった。もう少し時間をかければ，日本語としてわかりやすくなる可能性があると思いつつ，なるべく早く本書を出版することが，日本の人材育成に貢献することだと考えた。監訳者として力不足であることをお詫びしつつ，この翻訳に関わった若手研究者たちの熱意をご理解いただき，お許し願いたい。私たち教育に関わる者たちが，自己調整学習について理解を深め，多くの場で実践を繰り返し，学生たちが，そしてわれわれ大人たちも自己調整学習者として育っていくことを願っている。

2017年5月　春の訪れた函館にて

監訳者を代表して　美馬のゆり

【監訳者紹介】

美馬のゆり（みま・のゆり）

2010 年　電気通信大学大学院情報システム学研究科博士課程修了
現　　在　公立はこだて未来大学システム情報科学部教授　博士（学術）
主著・論文
　　不思議缶ネットワークの子どもたち－コンピュータの向こうから科学者が教室にやって
　　きた！－　ジャストシステム　1997 年
　　認知的道具のデザイン（状況論的アプローチ 2）（共著）金子書房　2001 年
　　Roadblocks on the Information Highway : The IT Revolution in Japanese Education
　　(Studies of Modern Japan Series)（共著）　Lexington Books　2003 年
　　「未来の学び」をデザインする－空間・活動・共同体－（共著）東京大学出版会　2005 年
　　理系女子的生き方のススメ　岩波書店　2012 年
　　インフォーマル学習（教育工学選書 2）（共著）　ミネルヴァ書房　2015 年

伊藤崇達（いとう・たかみち）

1998 年　名古屋大学大学院教育学研究科博士後期課程中退
現　　在　京都教育大学教育学部准教授　博士（心理学）
主著・論文
　　自己調整学習の成立過程－学習方略と動機づけの役割－　北大路書房　2009 年
　　［改訂版］やる気を育む心理学　北樹出版　2010 年
　　ピア・ラーニング－学びあいの心理学－（共編）　金子書房　2013 年
　　自己調整学習ハンドブック（共監訳）　北大路書房　2014 年
　　自ら学び考える子どもを育てる教育の方法と技術（共編）　北大路書房　2016 年

【訳者一覧（執筆順）】

伊藤　崇達	（京都教育大学教育学部）		はしがき，序文，10 章
深谷　達史	（群馬大学大学院教育学研究科）		1 章
岡田　涼	（香川大学教育学部）		2 章，8 章
梅本　貴豊	（九州女子大学人間科学部）		3 章，12 章
渡辺　雄貴	（東京工業大学教育革新センター）		4 章，5 章
市川　尚	（岩手県立大学ソフトウェア情報学部）		6 章，7 章
畑野　快	（大阪府立大学）		9 章，11 章
美馬のゆり	（公立はこだて未来大学システム情報科学部）		監訳者あとがき

学生を自己調整学習者に育てる
─アクティブラーニングのその先へ─

2017 年 7 月 10 日　初版第 1 刷印刷	定価はカバーに表示
2017 年 7 月 20 日　初版第 1 刷発行	してあります。

著　者　　Ｌ．Ｂ．ニルソン

監訳者　　美　馬　の　ゆ　り

　　　　　伊　藤　崇　達

発行所　　㈱北大路書房

〒 603-8303　京都市北区紫野十二坊町 12-8
電　話　（075）４３１-０３６１㈹
ＦＡＸ　（075）４３１-９３９３
振　替　01050-4-2083

編集・制作　本づくり工房　T.M.H.
印刷・製本　創栄図書印刷（株）
　　　ISBN 978-4-7628-2978-9　　　　Printed in Japan © 2017
　　　検印省略　落丁・乱丁本はお取替えいたします。
・ JCOPY 〈㈳出版者著作権管理機構 委託出版物〉
本書の無断複写は著作権法上での例外を除き禁じられています。
複写される場合は，そのつど事前に，㈳出版者著作権管理機構
（電話 03-3513-6969,FAX 03-3513-6979,e-mail: info@jcopy.or.jp）
の許諾を得てください。

北大路書房の関連図書

自己調整学習の理論
B.J. ジマーマンら　編著／塚野州一　編訳
A5 判・376 頁・3800 円＋税

自己調整学習の実践
D.H. シャンクら　編著／塚野州一　編訳
A5 判・288 頁・3400 円＋税

自己調整学習の指導：学習スキルと自己効力感を高める
B.J. ジマーマンら　著／塚野州一・牧野美知子　訳
A5 判・144 頁・2200 円＋税

自己調整学習の成立過程：学習方略と動機づけの役割
伊藤崇達　著
A5 判・160 頁・2700 円＋税

自己調整学習と動機づけ
D.H. シャンクら　編著／塚野州一　編訳
A5 判・408 頁・4000 円＋税

自己調整学習：理論と実践の新たな展開へ
自己調整学習研究会　編
A5 判・352 頁・3600 円＋税

自己調整学習ハンドブック
B.J. ジマーマンら　編／塚野州一・伊藤崇達　監訳
B5 判・452 頁・5400 円＋税